国家哲学社会科学规划项目
国家社会科学基金项目 （项目编号:12BYY008）

杨忠著

系统功能语言学视阈的语法隐喻研究

Exploring Grammatical Metaphor: Insights from Systemic Functional Linguistics

上海外语教育出版社
外教社 SHANGHAI FOREIGN LANGUAGE EDUCATION PRESS

图书在版编目(CIP)数据

系统功能语言学视阈的语法隐喻研究/杨忠著.—上海：上海外语教育出版社,2021
国家哲学社会科学规划项目
ISBN 978-7-5446-6829-3

Ⅰ.①系… Ⅱ.①杨… Ⅲ.①隐喻—研究 Ⅳ.①H05

中国版本图书馆 CIP 数据核字(2021)第 088433 号

出版发行：**上海外语教育出版社**
（上海外国语大学内） 邮编：200083
电　　话：021-65425300（总机）
电子邮箱：bookinfo@sflep.com.cn
网　　址：http://www.sflep.com
责任编辑：杨 洋

印　　刷：启东市人民印刷有限公司
开　　本：635×965 1/16 印张 11 字数 180千字
版　　次：2022 年 7 月第 1 版 2022 年 7 月第 1 次印刷

书　　号：ISBN 978-7-5446-6829-3
定　　价：38.00 元

本版图书如有印装质量问题，可向本社调换
质量服务热线：4008-213-263 电子邮箱：editorial@sflep.com

前言

"语法隐喻"是系统功能语言学创始人韩礼德(M. A. K. Halliday)于1984年在学术会议主旨发言中提出的语言学术语,之后在一系列著作中有深入、系统的论述。三十多年来,语法隐喻理论已成为系统功能语言学研究热点之一。自20世纪90年代初,我国外语界学者开始评介该理论,接着对该理论进行了深入探究,并开始观察分析中高级外语学习者在外语写作中运用语法隐喻的能力。汉语语法学界在20世纪60年代曾有过关于"名物化"(语法隐喻的一种类型)的争论,至今对于动词、形容词做主语、宾语的现象仍有三种不同的解释,即"名动分立说""名动转化说""名动包含说"。回顾过去的相关研究,关于语法隐喻现象的语言学解释还不够深入透彻,还存在一系列有待进一步探究的问题:语法隐喻如何定义?有哪些类型?语法隐喻与词汇隐喻有何区别?语法隐喻为什么发生?语法隐喻在语篇意义建构中发挥什么功能?英语语法隐喻与汉语语法隐喻有何同质和差异?英汉翻译中如何处理和利用语法隐喻?

语法隐喻是既涉及语法又关乎修辞的语言现象。研究语法隐喻的本质、功能可以洞悉语言运用的创造性。索绪尔(Ferdinand de Saussure)创立的普通语言学集中探究语言符号系统的性质,疏于考证语言使用。乔姆斯基(Avram Noam Chomsky)的生成语言学只探究句子层面的创造性,

I

不涉及语篇。而语言的实际使用单位是语篇。系统功能语言学研究语句、语篇的意义建构规律。本研究对上述问题的回答有助于完善系统功能语言学的语法隐喻理论,对建立适用语言学有理论意义。

本研究将语法隐喻视为语言使用现象,因此遵循系统与语篇相互参照的系统功能语言学方法论。语言作为系统具有意义潜势,是语篇生成的资源。语篇是语言使用的实例,在情景语境下以系统提供的资源生成,以达到交际目的。系统与语篇一起构成语言。从语篇意义发生视角入手同时参照系统资源的方法,超越了"词本位""句本位"的观察分析方法,有利于深入理解语法隐喻的本质内涵、语义特征和语篇功能。针对研究问题,本研究采取的主要研究方法是质性研究法,附以基于大型语料库和自建小型语料库的频率分析。质性研究的具体方法主要是语篇分析法、对比分析法和案例分析法。上述语言理论视角和语言研究方法使本研究得以顺利进行,取得了具有一定的独立见解及鲜明特色的研究成果。

本研究首先探讨语法隐喻的定义,明确回答"语法隐喻是什么?"这一问题——"语法隐喻是跨越语法范畴的经验再识解表达方式。"这个定义从内涵和功能这两个公认的定义要素界定了语法隐喻这一语言现象。"跨越语法范畴"是语法隐喻的核心特征,这一核心特征可以明确界分隐喻式和一致式,语法隐喻和词汇隐喻。"经验再识解"是语法隐喻的独特认知功能,揭示了语法隐喻是语篇意义发生过程的现象,也揭示了语法隐喻运用的主体性。语法隐喻是与一致式表达方式相互参照提出的,系统功能语言学界过去一直没有明确定义语法隐喻这一概念。本研究在认真梳理语法隐喻理论研究成果的基础上尝试性地提出了语法隐喻的定义,力图为语法隐喻理论补牢一块柱石。

本研究提出新的语法隐喻分类,试图更明确地回答"语法隐喻有哪些类型?"这一问题。系统功能语言学依据语言元功能来进行语法隐喻的分类,然而关于是否有语篇语法隐喻这一点存在分歧,而且迄今未有明确论述。这就导致系统功能语言学界关于语法隐喻的分类有"两分说"和"三分说"。我们赞同以元功能为首要依据来进行语法隐喻分类,并且明确支持"两分说",即人际语法隐喻和概念语法隐喻。本研究认为不存在语篇语法隐喻,原因有二。首先,语言三大元功能中的概念功能和人际功能是经验识解功能,而语篇功能不是经验识解功能。语法隐喻是跨越语法范畴的经验再识解表达方式,而语篇功能不与经验识解直接相关,因此不可能存在语篇语法隐喻。其次,概念语法隐喻和人际语法隐喻本身具有组织语篇意义的功能,没有必要再分出语篇语法隐喻。本书依据元功能的体现,将人际语法隐喻进一步分为语气转化和情态转化,将概念语法隐喻进一步分为及物性转化和类/级转移。这一新的语法隐喻分类比原来的初步分类更清晰且更详略得当。

本研究深入分析语法隐喻与词汇隐喻的区别与联系。系统功能语言学文献中对于语法隐喻和词汇隐喻的关系偶有阐述,但是没有形成共识。本研究从体现方式、语义特征、语篇功能三个方面论述了两种隐喻的区别。词汇隐喻体现于词或小句,词汇隐喻不涉及类转移,在小句中最典型的句式为"S 是 P,意为 S 是 R"。无论在词还是在小句层面,词汇隐喻都体现为语义域的转换。相比之下,语法隐喻体现为语气、情态、及物性、词类、级阶等语法范畴的转换。词汇隐喻的主要语义特征是象征性、创造性、具象性,语法隐喻的语义特征是关联性、客观性、融合性。在语篇意义建构过程中,词汇隐喻主要发挥概念整合功能、解释功能、推理功能,而语法隐喻主要发挥重塑功能、评价功能、连贯功能。功能语言学认为词汇和语法属于同一层面,在语篇中共同体现意义,所以在语篇实例中两种隐喻常常相互交织。

本研究论述语法隐喻的发生理据,从语言作为系统和语言作为语篇两个视角来阐释语法隐喻为什么发生。从语言作为系统视角来看语法隐喻,它是语言规约性与创造性有机结合的修辞手段。从语言作为语篇视角来看语法隐喻,它是实现语篇目的性、创造性、连贯性的重要资源。大量语篇实例的分析显示,语法隐喻的使用受交际者高级意识的支配,同时受语场、语旨、语式这些情景因素的制约。

本研究分析语法隐喻在政治语篇意义建构中的作用。基于先前的话语分析研究成果,我们首先明确阐述了政治语篇的语类、语义特质、基本推理模式。政治语篇属于务实性论说语篇,具有务实性、慎重性、创造性、前瞻性特质。政治语篇的基本推理模式是:大前提——动机前提(要达到目标 G);小前提——认知前提(做 A 则会实现 G);结论——务实性判断:必须做 A。在此基础上,从权力认知、目标任务表征、行动纲领表征三个侧面分析了语法隐喻在政治语篇中的功能。最后进行了汉语典籍政论文和现代汉语政论文案例分析,识别其中的词汇隐喻和语法隐喻,讨论两类隐喻在政治语篇意义建构和推理中的作用。分析结果表明,汉语政治语篇实例大量使用词汇隐喻和语法隐喻来增强说服力。

过去三十多年里,系统功能语言学及语料库语言学注重科技语篇中语法隐喻的研究,成果较多,而关于政治语篇中语法隐喻的研究成果却寥寥无几。本研究观察分析古代汉语和现代汉语政治语篇实例中语法隐喻的运用,从一个侧面揭示了语法隐喻与语类的关系,拓展了语法隐喻应用研究领域。

本研究对比分析英汉语法隐喻的共性和差异。中国哲学本体论认为本体是本,现象是末,但是本体和现象都是实在的。基于这样的本体论观点,我们可以认定语法隐喻是实实在在的普遍语言现象。语法隐喻作为跨越语法范畴的现象源于语法系统,发生在语篇中。因此,我们必须在语篇中观察分析这种鲜活的修辞手段。基于语篇的英汉语法隐喻对比分析结果表明,英汉两种语言中都有语法系统资源的活用。英汉语篇中都有语气转化和情态转化的人际语法隐喻,且情态转化都呈现上升的级转移倾向。英汉语篇中都有及物性转化和类/级转移的概念语法隐喻。英汉名词化都具有语义浓缩的特征,且都有语义转指、语义自指之分。英汉转指型名词化都有形态标记,英语自指型名词化多有形态标记,汉语自指型名词化没有形态标记。英汉自指型名词化的名化程度低于转指型名词化的名化程度。本研究认为转类是双向的,英汉语言中动词转化为名词、名词转化为动词都属于概念语法隐喻。基于语料库的英汉基本颜色词动词化对比分析结果显示,汉语颜色词动词化频数高于英语颜色词动词化。两种语言的类型差异决定了英汉名词化和动词化的形态标记有明显差异,英语的形态标记远远多于汉语。

Halliday最初提出语法隐喻概念是基于英语和汉语中的实例。此后,英语中的语法隐喻研究如火如荼,成果丰硕,而汉语语法隐喻研究成果却相形见绌。《马氏文通》构建了汉语词类体系,将动词用作主语、宾语的情况称为"散动",表明其已经注意到词类在语篇中的转化。然而"名物化"的研究没有深入下去,英语和汉语语法隐喻之间有何异同还少有系统的对比研究成果。本书的英汉语法隐喻对比研究支持"名动转化"说。

本研究概述英汉互译中语法隐喻的翻译策略。系统功能语言学将翻译过程视为再实例化过程,这一过程追求的翻译质量是译文与原文的语篇意义对等,即语篇目的性、创造性、选择性、连贯性、互文性的近似。以这样的翻译过程观和质量观来分析英汉语法隐喻的翻译,我们发现三种基本翻译策略,即再隐喻化、隐喻化、去隐喻化。基于自建小型语料库的统计分析结果显示,再隐喻化是首选方法。但是为了忠实于原作交际意图、译文读者群体的文化和译入语的表达习惯,表述方式往往需要转化,因此,隐喻化和去隐喻化译法也是译者常采用的方法。后两种译法发生频率低于再隐喻化,不过这两种译法可突出体现译者的主体性和创造性。系统功能语言学关于翻译中的语法隐喻研究初见端倪,成果还不多,所观察的语篇数量也不大。本研究基于语篇实例和小型语料库观察分析英汉互译中的语法隐喻,概括了基本翻译策略,初步进行了语法隐喻翻译的实证性研究。

希望本研究对于推进语法隐喻研究有参考价值,能为开展关于中介语中语法隐喻运用情况的实证研究提供参考,也希望能对语篇分析、外语写作教学、翻译实践等有所促进。

由于作者的水平所限,书中定有瑕疵,欢迎指正。

本研究得到国家哲学社会科学基金资助,本书的出版得到上海外语教育出版社的大力支持,谨在此表示由衷的谢意。我特别感谢编辑杨洋和匿名审稿专家,他们为书稿的修改提出了宝贵意见。

杨 忠
2021 年 3 月 3 日

目录

第一章 引论

- *1.1* 语法隐喻的提出 …………………………………… 2
- *1.2* 语法隐喻的初步分类 ……………………………… 3
  - *1.2.1* 概念语法隐喻 ………………………………… 3
  - *1.2.2* 人际语法隐喻 ………………………………… 4
- *1.3* 语法隐喻研究的意义 ……………………………… 5
  - *1.3.1* 语法隐喻是普遍语言现象 …………………… 5
  - *1.3.2* 语法隐喻拓展语义系统 ……………………… 7
  - *1.3.3* 语法隐喻研究的理论意义 …………………… 8
  - *1.3.4* 语法隐喻研究的应用价值 …………………… 9
- *1.4* 研究目标 …………………………………………… 10
- *1.5* 研究方法 …………………………………………… 11
- *1.6* 内容概览 …………………………………………… 12

第二章 语法隐喻研究回顾

- *2.1* 关于名物化的争论 ………………………………… 13
- *2.2* 语法隐喻理论评介 ………………………………… 17
- *2.3* 语法隐喻理论探究 ………………………………… 18

2.3.1　语法隐喻理论的发展 …………………………… 19
　　　2.3.2　语法隐喻理论研究中的争议 ………………………… 25
　2.4　语法隐喻应用研究 ……………………………………… 27
　　　2.4.1　语法隐喻作为语篇分析的观察点 …………………… 28
　　　2.4.2　语法隐喻作为个体语言发展的观察点 ……………… 29
　　　2.4.3　语法隐喻在翻译研究中的应用 ……………………… 30
　2.5　结语 ………………………………………………………… 30

第三章　语法隐喻研究的功能语言学理论基础

　3.1　整体语言观 ………………………………………………… 32
　3.2　建构主义范畴观 …………………………………………… 35
　3.3　意义衍进论 ………………………………………………… 37
　3.4　语境论 ……………………………………………………… 42
　3.5　结语 ………………………………………………………… 45

第四章　语法隐喻定义和分类

　4.1　定义的定义 ………………………………………………… 46
　4.2　语法隐喻的定义 …………………………………………… 47
　4.3　语法隐喻分类问题再议 …………………………………… 48
　　　4.3.1　语篇语法隐喻异议 …………………………………… 49
　　　4.3.2　语法隐喻分类依据 …………………………………… 50
　　　4.3.3　语法隐喻分类 ………………………………………… 51
　4.4　结语 ………………………………………………………… 52

第五章　语法隐喻与词汇隐喻

　5.1　词汇隐喻与语法隐喻的关系 ……………………………… 53
　5.2　词汇隐喻与语法隐喻的体现方式 ………………………… 54
　　　5.2.1　词汇隐喻的体现方式 ………………………………… 54
　　　5.2.2　语法隐喻的体现方式 ………………………………… 56

5.3 词汇隐喻与语法隐喻的主要语义特征 ············· 57
   5.3.1 词汇隐喻的主要语义特征 ················ 58
   5.3.2 语法隐喻的主要语义特征 ················ 59
5.4 词汇隐喻与语法隐喻的功能 ················· 61
   5.4.1 词汇隐喻的功能 ····················· 61
   5.4.2 语法隐喻的功能 ····················· 62
5.5 隐喻综合征 ···························· 64
5.6 结语 ································ 66

第六章 语法隐喻的发生理据

6.1 语言规约性与创造性的辩证统一 ··············· 67
   6.1.1 任意性——语言作为规则系统的本质特征 ······· 68
   6.1.2 创造性——语篇作为语言实例的本质特征 ······· 69
   6.1.3 语言规约性与创造性的辩证统一 ············ 71
6.2 语法隐喻的语篇发生理据 ··················· 72
   6.2.1 语法隐喻与语篇目的性 ················· 72
   6.2.2 语法隐喻与语篇创造性 ················· 73
   6.2.3 语法隐喻与语篇连贯性 ················· 74
6.3 语法隐喻的主观因素 ····················· 77
6.4 语法隐喻的语境因素 ····················· 82
   6.4.1 语法隐喻的语场因素 ·················· 82
   6.4.2 语法隐喻的语旨因素 ·················· 83
   6.4.3 语法隐喻的语式因素 ·················· 84
6.5 结语 ································ 84

第七章 政治语篇中的语法隐喻

7.1 政治语篇的类型定位 ····················· 85
7.2 政治语篇的特质 ························ 86
   7.2.1 务实性 ·························· 87
   7.2.2 慎重性 ·························· 87
   7.2.3 创造性 ·························· 87

  7.2.4 前瞻性 ·· 88
7.3 政治语篇的推理 ·· 88
7.4 政治语篇中的语法隐喻 ·· 89
  7.4.1 权力本质的隐喻识解 ·· 90
  7.4.2 目标任务的隐喻表征 ·· 92
  7.4.3 行动纲领的隐喻表征 ·· 93
7.5 政治语篇中的博喻：案例分析 ······································ 95
  7.5.1 典籍政论文案例分析 ·· 95
7.6 结语 ·· 98

第八章　英汉语法隐喻对比分析

8.1 英汉语法隐喻的可比性 ·· 99
8.2 英汉语法隐喻对比分析的理论基础 ·································· 100
8.3 英汉语法隐喻对比分析方法 ·· 102
8.4 英汉人际语法隐喻对比分析 ·· 103
  8.4.1 英汉语气语法隐喻对比分析 ·································· 103
  8.4.2 英汉情态语法隐喻对比分析 ·································· 106
8.5 英汉概念语法隐喻对比分析 ·· 111
  8.5.1 英汉及物性转化对比分析 ···································· 111
  8.5.2 英汉类/级转移对比分析 ····································· 112
8.6 结语 ·· 122

第九章　英汉翻译中的语法隐喻

9.1 系统功能语言学视阈的翻译过程观 ·································· 124
9.2 系统功能语言学视阈的翻译质量观 ·································· 126
9.3 语法隐喻作为再实例化的表达资源 ·································· 130
  9.3.1 翻译研究中语法隐喻的识别问题 ······························ 131
  9.3.2 翻译中的隐喻式和一致式的对应 ······························ 132
  9.3.3 翻译中语法隐喻的择用原则 ·································· 133
9.4 英汉翻译中的人际语法隐喻 ·· 135
  9.4.1 英汉翻译中的语气转化 ······································ 135

  9.4.2　英汉翻译中的情态意义等值 ·············· 138
9.5　英汉翻译中的概念语法隐喻 ························ 140
  9.5.1　英汉翻译中的及物性转化 ·············· 140
  9.5.2　英汉翻译中的名词化 ···················· 143
9.6　结语 ·· 146

第十章　总结与展望

10.1　研究结果总结 ·· 147
10.2　语法隐喻研究展望 ·································· 150

参考文献 ·· 152

第一章

引 论

隐喻作为修辞格的研究历经两千多年而不衰。隐喻作为认知机制的研究也已持续四十多年。语法隐喻这一概念最早见于 Halliday 在 1984 年举行的学术会议 New Papers on Chinese Language Use 上的主旨发言①。后来在《功能语法导论》第一（Halliday 1985）、二（Halliday 1994）、三（Halliday 2004）、四（Halliday 2014）版中及《通过意义识解经验——基于语言研究认知》（Halliday & Matthiessen 1999）中，语法隐喻都独成一章。三十多年来，语法隐喻研究在中国逐渐升温，围绕理论评介、理论探究、应用研究深入展开。本章旨在厘清语法隐喻的概念，讨论语法隐喻研究的意义，交代本书的研究目标和研究方法，描述本书的基本结构。

---

① 国内评介语法隐喻的文章都参照《功能语法导论》（第一版），故认为语法隐喻概念于 1985 年提出，而实际上这一概念是 1984 年 Halliday 在题为 New Papers on Chinese Language Use 的学术会议上的主旨发言中提出的。发言题目为"Grammatical Metaphor in English and Chinese"，收入 Beverly Hong 主编的论文集 New Papers on Chinese Language Use，Research School of Pacific Studies（Canberra：Australian National University，1984），后载于 Studies in Chinese Language（ed. by Jonathan Webster，London and New York：Continuum，2005）。

1.1 语法隐喻的提出

1984年,Halliday在题为"Grammatical Metaphor in English and Chinese"的主旨发言中首次提出"语法隐喻"这一术语。"我要谈的现象还没有名称,所以让我给它起个名称,叫作语法隐喻。"(Halliday 1984/2005:325,笔者译)他举了两个例子来显示英语和汉语中这种现象的存在:"The fifth day saw them at the summit.","社会结构变迁程序的分析需要历史上的观点"。这样的隐喻不是传统修辞学领域的词汇隐喻,而是语法隐喻。

在传统修辞学中,隐喻通常被视为词义使用的变异。"隐喻是用一种事物看待另一种事物的表述方式。"(Burke 1945:503)这样看来,隐喻是词语层面的语言现象,与语法无关。系统功能语言学认为语言是多层级多功能的开放符号系统,语义层由词汇-语法层体现,再由音位系统或书写符号系统体现。隐喻不仅仅涉及词汇,也有语法成分。例如:

[1] Many protesters came in.
[2] Protesters flooded in.

Halliday认为,句[1]是一致式表达(congruent mode),属于无标记式表达,句[2]是隐喻式表达,用洪水形容抗议者的人数之多。其中的flooded就既有词汇喻义,又有词类的转移。词类转移属于语法现象。据此,Halliday提出了语法隐喻这一概念。他明确指出:"词语选择仅仅是一个侧面,隐喻表达式涉及词汇-语法,不只涉及词语。[……]许多隐喻是词语表达,但即使这样的词汇隐喻中也伴随着语法变异。[……]修辞转移中存在明显的语法成分。注意到这一事实,我们就发现存在语法隐喻,其中的表达变异本质上是语法现象,尽管常常同时伴有词语变异。"(Halliday 1994:341-342,笔者译)语法隐喻这一概念的提出拓展了隐喻的内涵和外延,也将原本分离的语法与修辞联系在一起。

语法隐喻概念的提出基于"自上而下"的视角。系统功能语言学将隐喻式视为意义表达的变异。以上两句描述同一个事件,表述方式不同,是说话人选择的结果。如此看来,语法隐喻是表达形式的变异。

传统修辞学对词汇隐喻的分析基于"自下而上"的视角。一个词语表达了不属于其字面意义的内容则属于词汇隐喻。洪水(flood)指河流因大雨或融雪而引起的暴涨的水流。当它在上下文中不指水而指其他事物时(如例[2]中指人流),它的词义就是隐喻意义。这样看来,词汇隐喻是词语形式相同而意义发生变异。

分析隐喻的两种不同视角自然导致隐喻研究的不同走向。"自下而上"的视角聚焦于词汇隐喻,将隐喻视为同一表达式的意义变异,字面意义与隐喻意义分别属于不同类型的意义。"自上而下"的视角聚焦于语法隐喻,将语法隐喻视为意义表达式的变异,认为一致式与隐喻式构成连续统,存在隐喻度。

1.2 语法隐喻的初步分类

系统功能语言学从"自上而下"的视角分析隐喻现象,将语法隐喻视为表达方式的变异。这种变异依据语言核心功能可以分为概念语法隐喻和人际语法隐喻两类。

1.2.1 概念语法隐喻

概念语法隐喻是对同一内容的再识解。在小句层,这种再识解常常体现在及物系统。语言的及物系统由六种过程构成:物质过程;关系过程;言语过程;心智过程;行为过程;存在过程。某事件可能通常用含有物质过程的小句来表达,如例[3]。

[3] They arrived at the summit on the fifth day. (Halliday 1994:346)

但是,在一定上下文中,说话人用包含心智过程的小句来表达这一事件。

[4] The fifth day saw them at the summit. (同上)

概念语法隐喻常常涉及级转移。言辞序列的一致式表达采用小句群,而隐喻式表达采用一个小句。[5]和[6]是Martin(1992/2004:411)的例证:

[5] Australia's steel-making capacity enlarged, alongside that of chemicals, rubber, metal goods and motor vehicles, partly because war demanded it.

[6] The enlargement of Australia's steel-making capacity, and of chemicals, rubber, metal goods and motor vehicles all owed something to the demands of war.

概念语法隐喻的级转移还可以是小句转为词组,如[7]和[8](Halliday 2007:102):

[7] If the item is exposed for long, it will rapidly deteriorate.
[8] Prolonged exposure will result in rapid deterioration of the item.

[7]中的两个小句分别转为[8]中的两个名词化表达式(prolonged exposure 和 rapid deterioration of the item)。名词化表达式既涉及级转移又含有类转移,是典型的概念语法隐喻。

1.2.2 人际语法隐喻

功能语法认为语言表达的两大核心意义范畴是概念意义和人际意义。人际意义可以用一致式表达,也可以用隐喻式表达。情态意义是典型的人际意义。对命题的肯定或否定称为归一性。肯定与否定之间存在情态域。例如,说话人对明天的天气做出推测可以用不同的表达式。

[9] It is probably going to rain tomorrow.
[10] I think it is going to rain tomorrow.

Halliday 认为[9]属于一致式表达,而[10]是普通的人际隐喻式表达。在[10]中说话人的观点不是在小句内编码为一个情态成分,而是由主从复句的投射小句 I think 来表达。[9]是可能性的客观性表达,[10]是主观性表达。如果要将两句中的情态意义变得可商讨,则可加附加疑问句,于是有[11]和[12],但不可有[13]。

[11] It is probably going to rain tomorrow, isn't it?
[12] I think it is going to rain tomorrow, isn't it?
[13] *I think it is going to rain tomorrow, don't I?

人际语法隐喻不仅涉及情态意义还涉及语气。说话人与听话人在言语交际活动中或者给予,或者索取。给予或索取的内容为信息或者物与服务。语气表达这样的言语功能。一般说来,给予信息或物与服务就用陈述句,索取则用问句,命令用祈使句,许诺也用陈述句。但是在一定情境下出于特定交际目的,说话人可能采用其他句式来转换语气,例如[14]和[15]。

[14] Why don't you stay for dinner with us?（形式上为问句,但意义是邀请）
[15] This is a non-smoking area, sir.（形式上是陈述句,但意义是制止）

系统功能语言学认为这样的句子都涉及语气转换,是人际语法隐喻。

1.3 语法隐喻研究的意义

为什么研究语法隐喻？首先,语法隐喻是普遍语言现象,对于语法隐喻现象的理解有助于深化对人类语言本质的理解。其次,语法隐喻是语言运用中常用的意义构建方式,探究语法隐喻的使用规律可以为语言教育、话语批评、翻译实践等提供启示。

1.3.1 语法隐喻是普遍语言现象

"所有语言中都发现了语法隐喻的存在[……]。与词汇隐喻一样,它不是特殊的或奇怪的现象。它是语言作为社会符号系统的本质特性的一个方面,是丰富、拓展语义系统的自然过程。"(Halliday & Matthiessen 1999: 242,笔者译)上文中的例句表明,在英文语篇中,尤其在科技语篇中,语法隐喻非常多见。最早的英文科学语篇是 1391 年乔叟的英语论文《论星盘》(*Treatise on the Astrolabe*),而真正意义的英语科学语篇始于牛顿的《论光学》(*Opticks: or, A treatise of the reflections, refractions, inflexions and colours of light*)(Halliday 1999/2004;Banks 2003)。Halliday(1988/2004:147)分析了牛顿的光学著作,发现其中使用了许多名词化表达式。例如:

> Now those colours argue a diverging separation of the heterogeneous rays from one another by means of their unequal refractions.

在 Halliday 看来,这个小句也可以写成"Those colours argue that the heterogeneous rays diverge and separate from one another."。他认为牛顿用名词化表达式来达到两个语篇修辞效果:一是将复杂的现象浓缩为小句的一个成分,二是有利于组织小句内的已知信息和新信息。

近些年来语料库语言学的研究成果验证了 Halliday 的解释。Biber et al.(1998)量化分析了三类语篇中名词化表达式的出现频率。结果显示,学术语篇中的名词化出现频率比小说和口语语篇中的名词化出现频率高三倍(见表 1)。

表 1　三类语篇中名词化表达式出现次数

语 篇 类 型	学术语篇 (2 700 000 词)	小说 (3 000 000 词)	口语 (5 000 000 词)
每百万词中名词化出现次数	44 000	11 200	11 300

桂诗春(2009)也验证了名词化在学术语篇中的使用频率明显高于普通类语篇。桂先生及合作者建立了一个 100 万词的英语语言学语料库(English Corpus of Linguistics,简称 ECOL),收集了 10 个语言学分支共 500 篇文章。他们统计分析了该语料库中名词化的使用频率,结果为 36.99(千分比),而在对比语料库(德国 Feiburg 大学编制的 FLOB)中名词化发生频率只有 14.36(千分比)。他们的解释是:"名词化把形容词和动词所体现的'品质'和'过程'剥离开来,重新把它们的意义和名词配对,使经验构建为知识,上升为理论。在语言学中,经常需要讨论抽象概念和过程,所以名词化的表达十分普遍。"(桂诗春 2009:44)

朱永生、严世清(2011：42)指出："在没有屈折变化的语言中,人们能够更加自由地使用语法隐喻。"在古代汉语语篇和现代汉语语篇中都有语法隐喻的使用。名词化现象在古代汉语中频频出现。

[16] 子路曰：**学**亦有益乎？(《说苑·建本》)
[17] **小**固不可敌**大**，**寡**固不可敌**众**，**弱**固不可敌**强**。(《孟子·梁惠王上》)
[18] 岂**取之**易，**守之**难乎？(《谏太宗十思疏》)

在上例中,动词**学**转类为名词,用作主语。形容词**小**、**寡**、**弱**转类为名词,用作主语,**大**、**众**、**强**转类为名词,用作宾语。动词词组**取之**、**守之**名词化,用作小句主语(本书例证中的黑体与斜体为笔者所标示)。

在现代汉语中,名词化现象更比比皆是。《中共中央关于制定国民经济和社会发展第十三个五年规划建议》这一文件的标题中就有两个名词化表达式。该文件提出的发展理念为"创新发展、协调发展、绿色发展,开放发展、共享发展"。文件强调,要以发展理念的转变引领发展思路、发展方向、发展方式的转变。五个发展理念的表述方式都是以"发展"为核心词,前面加修饰语。"发展"用作名词,但仍蕴含"过程"含义,是典型的名词化表达式。

1.3.2 语法隐喻拓展语义系统

系统功能语言学认为意义是人与人、人与环境互动的结果。语言作为社会意义系统识解[①]经验世界。世间一切现象可用语言识解为意义。意义系统分为三个层级,即序列(sequence)、图式(figure)、成分(element)。三个层面的意义系统由词汇语法系统体现,序列体现为小句群,图式体现为小句,成分体现为词组。Halliday & Matthiessen(1999)认为语法隐喻是跨越范畴的现象。当小句表达原本小句群所表达的意义或者词组表达原本小句所表达的意义时就跨越了范畴,这就是语法隐喻的级转移。请看[19]—[24]。

---

① construe 及 construal 在汉语中译为"识解",但是该译法只体现了"理解、认识",未能体现"建构、编码"的含义。系统功能语言学持建构主义意义观,Halliday(2004：9)将 construe 解释为"construct semiotically",即意义建构。

[19] She failed, because she didn't know the regulations.
[20] She failed because of ignorance of the regulations.
[21] She failed due to ignorance of the regulations.
[22] Her failure was caused by ignorance of the regulations.
[23] Her failure was due to ignorance of the regulations.
[24] Ignorance of the regulations caused her failure.

[19]是小句群,表达两件事之间的因果关系。其后的五句是小句,也表达了两件事之间的因果关系,但是这五句中都使用了名词化表达式。系统功能语言学认为名词化是最典型的概念语法隐喻。它既将过程物化,又保留过程的含义。名词化表达式将过程对象化,成为小句中的参与者。这种转化可能失去部分意义,如时态、语态等,但名词化可以使意义浓缩,使指称对象更便于范畴化,更便于修饰或评价。因此,语法隐喻拓展了语义资源系统。

1.3.3 语法隐喻研究的理论意义

隐喻(包括词汇隐喻和语法隐喻)研究有助于深化对意义本质、认知过程的认识。作为语法与修辞的界面(interface),语法隐喻既涉及语言符号系统又反映语境因素和语言使用者的主体意识。因此,语法隐喻研究可以洞悉语言运用过程。

首先,语法隐喻现象证伪传统的客观主义意义观。逻辑语义学和结构语义学都认为意义的本质是符号与世界的关系。Leech(1981)基本持客观主义语义观,认为语义学研究二元关系,即语言符号与世界的关系。这样的语义观排除人的意识。其实,离开言语社团群体共识,语言符号表达的意义就失去了存在的家园。这样的意义观解释不了在客观世界没有指称对象却能被人理解的表达式,例如"一个圆三角形"。逻辑语义学聚焦于句子命题的研究,探究命题意义的真伪。然而,对命题意义的判断离不开人的主观能动性,也离不开语境。实际上,同一命题意义可以有不同的表述方式(见[19]—[24])。表达方式的选择也有其自身的意义,正如Halliday所指出的,"意义表达总是要选择[……]。隐喻跨越语义层和词汇-语法层,因此它是拓展意义潜势的丰富资源"(Halliday 2013: 33 – 34,

笔者译)。选择既涉及主体意识又受语境因素制约。系统功能语言学提出的语域理论从三个方面概括影响语码选择的因素——语场(field)、语旨(tenor)、语式(mode)(Halliday *et al.* 1964)。言语交流的内容、参与者的关系、交流渠道都影响语码的选择。系统功能语言学的建构主义意义观既解释语言与世界的关系,又阐释语言与社会、语言使用中的主体性及主体间性。

我们的观点——识解的世界是语义建构的产物——蕴涵着人际视角。意义是共同建构的,交互的。"识解的世界"经常在人与人的协商过程中调整。这就意味着共识和分歧常常在一些领域出现,而过去通常以真伪来看待。语义系统(语言系统的构成部分)为群体共有,它是社会的组成部分。如此说来,我们的观点虽然近于 Lakoff(1987)的"经验主义认知",但仍有不同。区别在于:我们认为经验识解是在主体间进行的,既具符号性又有社会性。(Halliday & Matthiessen 1999: 428,笔者译)

其次,语法隐喻研究有助于洞见认知过程。基于语言的认知观认为人通过语言首先将经验识解为意义(而不是首先识解为知识),意义体现于词汇-语法。隐喻是跨范畴现象(Halliday & Matthiessen 1999)。隐喻不仅是修辞手段,也是认知方式(Lakoff & Johnson 1980)。这种隐喻观得到语言哲学的赞同。"经验要'化'入何种形式? 化入语言形式","隐喻就是借用在语言层面上成形的经验对未成形的经验作系统描述。我们的经验在语言层面上先由那些具有明确形式化指引的事物得到表达,这些占有先机的结构再引导那些形式化指引较弱的经验逐步成形"(陈嘉映 2003: 377 - 378)。

1.3.4 语法隐喻研究的应用价值

语法隐喻和词汇隐喻都广泛应用于意义建构,频频出现在科技语篇、政治语篇、新闻语篇、小说、诗歌之中。语法隐喻研究成果对语篇分析、阅读与写作教学、翻译实践都有应用价值。

首先,语法隐喻和词汇隐喻都被作为批评话语分析的切入点。Lakoff 以"慈父""严父"家庭隐喻分析了美国民主党和共和党的执政理念

(Lakoff 2004)。Fairclough(1992)将话语视为社会活动,活动的结果就是语篇。他提出了描写、阐释、解释的三维话语分析模式。描写阶段要观察语篇中的词汇、语法、语篇结构。词汇观察点之一是"用了什么隐喻?",语法观察点之一是"是否用了名词化表达?"。可见,隐喻研究成果对于深入进行语篇分析具有直接应用价值。

第二,语法隐喻研究成果可为阅读与写作教学提供启示。Halliday 从个体发展角度观察儿童语言中语法隐喻的使用。儿童语言发展经历概括、抽象、隐喻三个阶段,语法隐喻的使用出现在儿童有了读写能力之时(Halliday 1989)。一批澳大利亚语言学家观察分析了学前儿童的语言是否使用语法隐喻(Derewianka 2003;Painter 2003;Torr & Simpson 2003)。他们记录的学前儿童的语料中没有出现概念语法隐喻,研究结果总体上验证了 Halliday 的结论。但是,他们观察到儿童话语中有少量的人际语法隐喻,说明儿童在人际互动中逐步采用非一致式表达方式。Colombi(2006)将语法隐喻使用视为学术语言的重要特点之一,分析了美国西班牙裔学生的西语学术语篇中语法隐喻的使用。近年来,我国学者也着手研究大学生和研究生英语写作中语法隐喻的使用(详见 2.4.2 节)。

第三,翻译实践中如何处理语法隐喻也开始进入研究者的视野。过去的翻译教科书集中介绍翻译理论、翻译策略、翻译技巧,对于某些语言现象的翻译方法缺少系统研究和介绍。由于语法隐喻在书面语言中特别是学术语篇、政治语篇中频频使用,在翻译过程中如何处理语法隐喻就是译者和翻译理论研究者必须直面的问题。以"发展"一词为例,它在句子中可以用作动词或者名词。在汉英翻译中,是否在译文和原文中保持词性等同是一个实际问题。在《中华人民共和国教育法》中,"发展"或为动词,或为名词,然而在英译本中都译为"development"。近来,国内学者撰有多篇文章探讨英汉翻译中名词化的处理方法及理据(详见 2.4.3 节)。

1.4 研究目标

从以上简述可见,语法隐喻研究已持续三十多年。然而,语法隐喻这一现象还未能从理论语言学视角做出系统描写和解释,还存在许多有争议的问题。在应用语言学领域,关于语法隐喻的研究还在升温,如何应用语法隐喻研究成果提高学生读写能力以及如何翻译语法隐喻表达等问题还有较大研究空间和研究价值。

本书旨在梳理先前语法隐喻研究成果,以系统功能语言学为指导,深入探究语法隐喻的认知本质和语篇建构功能,分析语法隐喻的发生理据,分析其语境因素及言者/作者主体因素,对比英汉语篇中的语法隐喻,探究英汉互译中语法隐喻的翻译策略。本书主要探究下述具体问题:

1)语法隐喻是什么?
2)语法隐喻如何分类?
3)语法隐喻与词汇隐喻有何异同?
4)语法隐喻为什么发生?
5)语法隐喻在政治语篇中如何发挥意义建构作用?
6)英汉语法隐喻有何共性和差异?
7)英汉互译中如何处理语法隐喻?

1.5 研究方法

本书将语法隐喻视为语言使用现象,因此指导本项研究的语言理论是系统功能语言学的语言-语篇并协论、意义衍进论、语境论。系统功能语言学不赞同 Saussure 提出的语言-言语截然划分,将语言系统和语篇都视为语言现象。语言系统是意义潜势,为语篇生成提供资源。语篇是语言运用的实例,以语言系统资源生成,同时可以丰富、改变语言系统资源。Halliday 认为,研究语言使用必须同时参照系统和语篇。

系统功能语言学认为意义发生和演进可以从种系视角、个体发展视角、语篇建构视角来观察。语法隐喻作为语言使用现象应首先在语篇中观察,然后考察个体语言发展过程中的语法隐喻使用。鉴于此,本项研究的首选研究方法是基于实际语篇的语法隐喻识别和分析,附以基于小型自建语料库的分析。

1.6 内容概览

本书由十章构成。第一章为引论,概述语法隐喻的提出、初步分类,阐释语法隐喻研究的意义和价值,明确研究目标和方法。第二章回顾语法隐喻研究的成果及存在的问题。第三章阐述指导本项研究的系统功能语言学相关理论。第四章讨论语法隐喻的定义和分类问题。第五章分析语法隐喻与词汇隐喻的异同。第六章论述语法隐喻的发生理据。第七章分析政治语篇中语法隐喻的功能。第八章对比分析英汉语法隐喻的异同。第九章分析英汉互译中语法隐喻的翻译策略。第十章总结全书,提出未来研究的建议。

第二章

语法隐喻研究回顾

语法隐喻于 1984 年由 Halliday 在学术会议上提出,之后在《功能语法导论》(Halliday 1985)中系统论述,语法隐喻理论在 20 世纪 90 年代不断完善(Halliday 1992;1994;1995;1998a/2004;1998b/2004;Halliday & Matthiessen 1999)。在过去的二十多年里,系统功能语言学视阈的语法隐喻研究在中国逐步升温,已由介绍阐释阶段进入到创新发展阶段(张德禄、雷茜 2013)。不过,中国语法学家们关于语法隐喻现象的探究发轫于 20 世纪 60 年代。本章首先回顾关于汉语名物化的争论,然后评述语法隐喻理论的介绍阐释和理论探究,最后概述语法隐喻应用研究。

2.1 关于名物化的争论

关于"名物化①"的讨论是 20 世纪 60 年代汉语语法学

---

① "名物化"和"名词化"两个术语指同一语言现象,即英文词 nominalization 所指的现象。但是,两个术语可能侧重点略有差异,前者首先着眼于词类转化引发的语义变化,后者首(转下页)

界关于汉语词类问题争论的焦点之一。一方认为,动词、形容词用作主语、宾语是名词化,由"行为范畴"和"性状范畴"转为"事物范畴"(黎锦熙、刘世儒 1960;史振晔 1960)。句子中的名物化表达式具有名词的一系列语法特点:可以受定语修饰,可以用代词复指,可以跟名词组成联合结构。黎锦熙、刘世儒(1960)有例证如下:

[1] 作品分析是文学教学的重要内容。("分析"在句中有定语修饰,不能重叠)
[2] 躺着比坐着舒服。("着"标志主语有动作含义)
[3] 躺着这种休息方式比坐着舒服些。(名物化表达式与名词词组连用)

另一方质疑"名物化"这一概念,认为名物化论者没能明确"事物范畴"究竟指什么。朱德熙(1961/2001:212)这样质疑名物化理论:"名物化论者所说的'事物'正是这种广义的'事物'。这种意义上的'事物'在哲学或心理学上可能是有根据的,可是它跟作为名词的语法的所谓'事物'不是一回事,至少没有直接的关系。因此绝不能根据这一点来论证主宾语位置上的动词和形容词的词性问题。"他得出的结论是:名物化理论对于汉语词类划分研究没有价值。"名物化理论是句子成分定类论的一个组成部分,而句子成分定类论跟汉语无词类论表面上不一样,实质上却是一回事。承认名物化的理论,那么在原则上就没有什么理由不承认句子成分定类论,承认句子成分定类论,只要稍微往前走一步,就会得到汉语无词类论。[……]名物化的说法不仅在理论上站不住,在实际的语法教学上也是没有意义的。"(朱德熙 1961/2001:228-229)

双方争议的焦点是词类划分问题。以黎锦熙为代表的名物化论者主张"句本位"的研究范式,黎先生曾这样阐述他的观点:

句子由最简单的到极复杂的形式,仿佛像一种有机物底[的]生长;文学上段落篇章底[的]研究,也不外乎引导学者去发现怎样并为什么把许多句子组合成群;各群之间又是怎样的关系;因而发现对于

(接上页)先着眼于语义转化的语法体现。系统功能语言学将名词化视为典型的语法隐喻,因此这里首先回顾汉语语法学界关于名物化的讨论,尽管当时还没有提出语法隐喻这一概念。

模范的读物,要怎样效法才算最有价值:这也是研究上很自然的趋势。所以,**句本位**的文法,退而分析,便是词类底[的]细目;进而综合,便成段落篇章底[的]大观。(黎锦熙 2001:55)

自《马氏文通》问世以来,词本位的汉语词类研究范式曾占统治地位。黎先生的主张自然会引发不同的声音。王力先生称黎先生的观点为"功能论",他既不赞同功能论,也不主张形态论。他主张"词汇语法范畴"的词类划分原则,"具体说来,就是词义标准、形态标准和句法标准三结合"(王力 1959/2001:390)。他认为应该把基本功能和临时功能区别开来。"动词、形容词用做主、宾语的时候,仍然是动词、形容词,不是名词。例如'学习并不是简单的事情','他从小就喜欢冷静,不喜欢热闹'。"(同上:402)他认为"学习""冷静""热闹"分别是动词、形容词在句中临时充当名词性功能。在他看来,来自动词的抽象名词做主、宾语则不能用临时功能来解释。"因为像'生产'这样一个词,它用做主、宾语的机会,至少也和用做叙述词的机会一样多。这一类词之所以必须认[定]为名词,还有更重要的论据:有些抽象名词虽然来自动词,但是发展到今天,它们已经不再是动词。"(同上:404-405)

从以上简述可见,关于名物化的争论焦点是词类问题。句本位一方认为动词、形容词做主、宾语时发生了类转移。词本位一方认为这样解释就否定了汉语词类的存在。王力先生主张既考虑句子功能,又必须坚持汉语实词的分类。不过,充当临时功能的动词与来自动词的抽象名词如何界定还没有明确阐述。来自动词的抽象名词与其他抽象名词语义差别何在也有待研究。

近来的汉语语法研究比较推崇句本位的分析方法。邢福义(1997)主张词性句规约原则,提出"入句显类"和"入句变类"的观察分析方法。"在语言系统中,词有时属于词汇系统,有时属于语法系统。众所周知,汉语没有形态变化,或者说很少具有严格意义的形态变化。正因为如此,汉语语法系统中的词,只有跟小句发生联系之后,才能显示其语法特性和语法职能,才能发挥特定的语法作用。"(邢福义 1997:19)邢先生从实际语篇中拿来实例说明他的观点:

[4] 这件"意外",其实一点也不意外。(叶君健《那失去了的年华》)
[5] 这是一个标志,标志着人类正走向互相了解,走向互相尊重。(边

震遐《化剑为犁》）

[6] 甭林黛玉了,你班主任说你全面发展……（王益山等《走出黄昏》）

两个"意外"和两个"标志"都在小句中有不同的语法环境,是"入句显类"的典型例证。"林黛玉"前面加了"甭",临时用作动词,是"入句变类"的鲜活例证。

进入21世纪,汉语语法学界关于名物化仍存在两种见解,如"这本书的出版"到底是不是向心结构,"出版"是动词还是名词。吴长安（2006：202）支持名物化的观点,在综述各种观点后提出了他的解释:"'这本书的出版'是两个结构或两个概念截搭的结果[……]。截搭就是从两个概念各截取一部分进行搭接,两个概念各自压缩掉一部分内容。这里压缩掉的是'出版了那本书'的时态特征(不能说'这本书的出版了')和'那本书的N'部分特征(能说'这本书的迟迟不出版')。"张高远(2008)也支持名物化观点,承认名词化是人类语言的共同现象。他认为,汉语缺乏严格意义上的形态变化,导致汉语名词化现象长期得不到正视。认为没有形态标记的动词做主语、宾语时没有发生词类转化的看法是以狭义的形态标准来判定词类,与广义形态观相悖。他指出,回避名词化现象不利于解释语言,也不利于语言教学。

沈家煊(2016;2017)认为汉语中不存在名词化现象。他提出了"大名词"这一语法范畴,"大名词"范畴包括动词。在他看来,"打是疼,骂是爱"中的"打""骂""疼""爱"是动词做了主语和宾语,但"并不因此而变为名词,说它们已经变为'名词化',那是多此一举,是'人为虚构'。这一认识十分重要"(沈家煊2017：2)。沈先生试图从类型学视角论证汉语名动关系不同于欧洲语言中的名动关系,他认为前者是包含关系,后者是分立关系。因此,他认为《马氏文通》创立的汉语语法体系有待商榷。他的汉语"名动包含"说的基本立足点是：名词：[+指称],[~述谓];动词：[+指称],[+述谓]。"'动词',也就是'动态名词',其特征不仅有指称[+指称],还有[+述谓]。"(沈家煊2016：98)沈先生认为"大名词"论抛弃了"名动分立"说,"捡起的是'名动包含''名词为本'格局。'一抛一捡'之后,我们对汉语里'名词'和'动词'两个范畴有了新的认识,名词是'大名词',动词属于名词,是'动态名词','名词'和'动词'的内涵和外延都发生了变化"(同上：409)。

如果"大名词"论立得住,这意味着《马氏文通》创立的汉语词类体系必须被推翻重建。"名动包含"说还需从两点入手做进一步论证。第一,语义学分析结果显示,下位范畴的语义特征包括并且多于上位范畴的语义特征。动词只具有名词的一种特征[＋指称]而不具备其另一种特征[～述谓],这就给"名动包含"说带来了难以克服的逻辑难题。第二,名词的指称对象与动词的指称对象是否属于相同范畴呢?沈先生的回答似乎是肯定的:"汉语'名动包含'格局跟中国哲学关于'物'和'事'关系的论说一致,[……]因为'事就是物''事就是抽象的物'这一认识,对中国人来说不言自明。'名'当然不限于具体'物'的名,也包括'事'和'性状'的名。"(沈家煊 2017:6)看来,"名动包含"说是否成立还需从哲学上论证"实体"与"过程"本质上属于同一范畴,这恐怕无论在中国哲学还是西方哲学中都还难以找到令人信服的论证。

综上,虽然汉语语法学界没有使用"语法隐喻"这一术语,但是从关于名物化的讨论中可见,词的转类用法已经引起语法学家们的注意。只不过由于条件所限,他们分析名物化的视角和方法没有超越词、句的范围,争论的焦点限于词类问题,没能深入探究这种既不同于名词又不同于动词的表达式的语义特点和语篇功能。

2.2 语法隐喻理论评介

如上所述,20世纪60年代汉语语法学界关于名物化的争论已经涉及语法层面的修辞现象,但是没有上升到语言学理论解释层面。改革开放之后,随着海外留学、访学学者归来,西方语言学理论陆续在国内期刊介绍开来。系统评介语法隐喻理论的文章有两篇,分别是《英语中的语法比喻现象》(朱永生 1994)和《语法隐喻》(胡壮麟 1996)。

朱永生的文章首先指出:"现代语言学研究成果表明,比喻并不像人们长期想象的那样仅仅局限于词汇层,事实上,它也常常发生在语法层。"(朱永生 1994:8)该文重点介绍了语法隐喻的分类,讨论了语法隐喻与话语方式(mode of discourse)的关系,以及语法隐喻与语篇组织和语言风格的关系。显然,该文以系统功能语言学的纯理功能理论和语境理论为基础阐释语法隐喻。该文将语法隐喻分为概念语法隐喻和人际语法隐喻两类。作者观察语法隐喻使用的影响因素,得出两点结论:1)"话语方式的选择对概念语法比喻的出现频率有着较明显的影响;书面语言中的概念语法比喻在数量上远远超过了口头语言中的概念语法比喻"(同上:12);2)"什么时候采用语法比喻形式,什么时候选择非语法比喻形式,并不是毫无约束、完全任意的,它受到上下文的限制,受到讲话人语言表达能力的制约,同时也受听话人理解能力的影响"(同上:13)。

胡壮麟的文章首先探究了古典时期和中世纪的语法隐喻,然后系统阐释了功能语言学的语法隐喻理论。文章指出,古典时期的语法隐喻是"现实世界"隐喻化为"语法术语",中世纪的语法隐喻是"语法形式"隐喻"现实世界"。从胡壮麟给出的例证来看,古典时期和中世纪的语法隐喻是含有语法范畴的隐喻。胡先生这样看语法隐喻是基于他对语法隐喻本质的理解。"语法隐喻之不同于隐喻,在于在本体或喻体中至少有一个领域应与语法有关。"(胡壮麟1996:6)

胡壮麟敏锐地洞见到系统功能语言学视阈的语法隐喻不同于古典时期和中世纪的语法隐喻。系统功能语言学探讨的语法隐喻中的两个领域都与语法形式有关,可以描写为"语法形式a→语法形式b"。

胡壮麟的这篇文章直面语法隐喻研究的一个关键问题,即语法隐喻的定义问题。文章摘要中既点出问题,又提出观点:"那么,什么是语法隐喻呢?目前尚无一个公认的清晰的定义。我个人认为在构成隐喻的两个概念领域中,其中至少一个领域应与语法形式有关。"(同上:1)的确,语法隐喻的定义问题是语法隐喻理论研究不可回避的问题。胡壮麟的观点颇有启发性。

上述两项成果系统介绍了西方语言学的语法隐喻研究,在中国开启了语法隐喻研究这一领域,为深入探究语法隐喻理论和语法隐喻应用研究奠定了基础。

2.3 语法隐喻理论探究

上述两项研究成果评介了《功能语法导论》第一、二版中阐述的语法隐喻理论初步框架。Halliday(1995/2004;1998a/2004;1998b/2004;1999/

2004)和 Halliday & Matthiessen(1999)对语法隐喻进行了新的理论阐释。本节先概述语法隐喻理论的发展,然后述评语法隐喻理论探究中的一些重要争议点。

2.3.1 语法隐喻理论的发展

在 1984 年至 1994 年这段时间的著述中,Halliday 洞见到修辞转化不仅涉及词语表达的选择,还含有语法形式的变换即语法隐喻,语法形式的变换体现语言功能。此后 Halliday 发表了一系列论著,深入探究了语法隐喻现象,形成了较系统的理论阐释。这些论著有《语言与人类经验的重塑》(Halliday 1995/2004)、《语言与知识:"拆解"语篇》(Halliday 1998a/2004)、《事物与关系:经验重新语法化为专业知识》(Halliday 1998b/2004)、《通过意义识解经验——通过语言研究认知》(Halliday & Matthiessen 1999)。这些著述集中阐释了语法隐喻的实质、语法隐喻的认知机制、概念语法隐喻的类型、概念语法隐喻的语义特征和概念语法隐喻的语篇构建功能,发展了语法隐喻理论体系。

2.3.1.1 语法隐喻——经验的再识解

Halliday 从意义衍进视角来阐释语法隐喻的动因。他认为意义衍进可以从种系、个体发展、语篇生成三个维度来认识。"作为语法学家,我认为,'语言'是一种意义产生的资源——一个语义发生系统,伴随着一个把系统实例化的过程,形式是语篇(包括口语和书面语);而'意义'要从功能的角度来理解,即要结合社会语境。语言就是在这种语境中伴随着人类的发展而发展的。"(Halliday 2015:8,笔者译)

Halliday 引用神经科学家 Edelman 的神经达尔文主义理论(Edelman 1992)来阐释意义的种系衍进。这一理论将人类意识分为两个阶段:

> 一个是基于生物价值的选择性经验认知阶段,即"初级意识",一个是扩展到自我意识、记忆和领悟未来能力的"高级意识"阶段。高级意识好像只出现在人类的进化中。我想,我们现在可以证明,高级意识就是符号意识,即表达意义或者转化意义的能力,而高级意识里的关键因素就是语法。不过,这种意识只是在人作为单个有机体在过了幼年之

后才发展起来的一种意识形式。(Halliday 2015:16-17,笔者译)

从个体发展来观察意义衍进,Halliday 概括了三个阶段:第一个阶段掌握日常知识,认知关键是**概括**;第二阶段是日常知识向教育知识过渡,认知关键是**抽象**;第三阶段由教育知识向专业知识过渡(9—13岁),认知关键是**隐喻**。第一阶段使儿童能够识解经验,而第二、三阶段儿童"则以越来越强的理论模式连续不断地对经验进行**再识解**"(韩礼德 2015:26)。

在《语言知识:"拆解"语篇》一文中,Halliday 以语法隐喻拆解的实例验证了词汇语法表达直接显示高级意识的发展。他使用的原句是:

[7] The truest confirmation of the accuracy of our knowledge is the effectiveness of our action.(Halliday 1998a/2004:29)

面向不同年龄段的读者所给出的拆解表达是:

[7a] The best proof that our knowledge is accurate is the fact that our actions are effective.(15岁)

[7b] What best proves that we know something accurately is the fact that we can act effectively.(12岁)

[7c] We can prove that we know exactly what's happening by seeing that what we do is working.(9岁)

[7d] How can you be sure that you really know what's going on? You do something, and then you see that it works. Like growing plants; you water them, and then they grow.(6岁)

原句是含有名词化的隐喻表达,句法结构简单,但是词汇密度大,语义关系复杂。四个拆解表达自上而下隐喻成分降低,一致式性质上升。这些实例证明,个体语言在由低级意识向高级意识发展的过程中,作为经验再识解的语法隐喻表达方式的使用逐步上升。

常晨光(2004)基于科技语篇中的语法隐喻分析论述了语法、语法隐喻、经验识解的关系,其结论是:"系统功能语言学把经验当作意义而非知识,认为语法是经验的理论,为认知研究提供了一个以语言为基础的视角。韩礼德的语法隐喻模式则体现了该学派关于语言作为一个多层次意义系

统的核心思想,说明经验在意义系统中可以有不同建构。语法隐喻同时也反映了人类认知的发展。"(常晨光 2004:36)

2.3.1.2 跨范畴——语法隐喻认知机制

Halliday 在 20 世纪 90 年代中后期的几篇论文中分析了语法隐喻中涉及的级阶转移和类别转移,在 Halliday & Matthiessen(1999)中将语法隐喻和词汇隐喻都视为跨范畴现象(transcategorization)。级阶和类别都属于语法范畴,级转移和类转移都跨越了语法范畴。

Halliday 指出,语法隐喻对经验的再识解必然发生类转移。他将现实世界视为物体和事件的混合体。语法将事件识解为动词。然而事件作为过程具有暂时性,缺乏稳定性。要把知识系统化,往往就需要将事件识解为稳定的现象,以便于归类、评价。"语法的力量就显现出来了。语法的类别不是一成不变的。语法往往可以把一类词变成另一类词(注意:形式上可以有变化,也可以没有变化,重要的是句法功能上的变化)。"(韩礼德 2015:15)名词化就是这样的一种类转移的跨范畴现象。

级转移现象已在本书第一章举例说明,不过这里要简要介绍 Halliday & Matthiessen 如何从认知视角来看语法隐喻涉及的级转移现象。他们认为人类通过语言将经验识解为意义,意义由词汇语法来体现。语言识解的对象总称为现象,分为三个层级:序列、图式、成分。在词汇语法系统中,序列识解为小句群,图式识解为小句,成分识解为词组。语义介于现象和词汇语法,分为言辞序列、言辞、言辞成分三个层级。韩礼德(2015:55)将语义层级和词汇语法层级的对应关系列表显示:

表 2 语义与词汇语法的级阶

	语 义		词 汇 语 法
级 阶	言辞序列	实现手段为	小句复合体
	言辞	实现手段为	小句
	言辞成分	实现手段为	词组/短语
成分类型	过程	实现手段为	动词词组
	参与实体	实现手段为	名词词组
	环境成分	实现手段为	副词词组或介词词组
	关系	实现手段为	连词

例[8]是小句复合体,体现了言辞序列,两个事件呈因果关系。

[8] The driver drove the bus too rapidly down the hill, so the brakes failed.

[9] The driver's over rapid downhill driving of the bus resulted in brake failure.

这两个事件的因果关系可以重新识解,用小句来体现。在[9]中,既有级转移(小句复合体→小句;小句→名词词组),又有类转移(drove → driving;failed → failure)。依据这样的事实,Halliday 强调,语言作为高级意识的符号系统是**层次性的**,可以创造意义。初级符号系统(其他物种的符号系统及幼儿早期的语言)都不是层次性的,不能创造意义(Halliday 2004)。

2.3.1.3 概念语法隐喻的类型

在第一章,我们介绍了语法隐喻的两种类型,即概念语法隐喻和人际语法隐喻。Halliday(1998a/2004;1998b/2004)和 Halliday & Matthiessen (1999)进一步将言辞成分层级的概念语法隐喻分为13种类型。每一种类型都包括语义范畴跨越、语法类别转化和英语例子。

表3 Halliday & Matthiessen 的概念语法隐喻分类

语义范畴跨越	语法类别转化	举例
品质→实体	形容词→名词	unstable → instability
过程→实体	动词→名词	transform → transformation
环境→实体	介词→名词	with → accompaniment; to → destination
关系→实体	连词→名词	so → cause; if → condition
过程→品质	动词→形容词	poverty is increasing → increasing poverty
环境→品质	副词/介词→形容词	drive crazily → crazy driving crack on surface → surface crack
关系→品质	连词→形容词	then → subsequent
环境→过程	介词→动词	be instead of → replace
关系→过程	连词→动词	then → follow

续 表

语义范畴跨越	语法类别转化	举 例
关系→环境	连词→介词	if → under conditions of
[零]→实体		the phenomenon of...
[零]→过程		...occurs
实体→[扩展]	名词[各类的]	the government decided → the government's decision/the decision by the government/the decision of the government/governmental decision

概念语法隐喻的重新归类拓宽了概念语法隐喻的外延,包括了几乎所有类转移现象,得到了系统功能语言学界的肯定和赞扬(见胡壮麟 2000;严世清 2003)。

杨延宁(2016)以 Halliday & Matthiessen(1999)的概念语法隐喻分类为基础,将 423 个现代汉语科技语篇中的概念语法隐喻进行标注和分类,然后量化分析了所划分的 11 种类型的分布。研究结果发现,高重现率类型(过程→事物;事物→性状;环境→性状;过程→性状)组中的功能转移都指向"事物"和"性状"。据此,他认为现代汉语中的概念语法隐喻主要发生在小句转换为名词词组的语篇构建过程中。

2.3.1.4 概念语法隐喻的语义特征

Halliday & Matthiessen(1999)分析了语法隐喻的跨范畴认知机制之后进一步探讨了语法隐喻的语义特征。基于概念语法隐喻的分类,他们指出,语法隐喻大体上是名词化趋势,即将事件重新识解为事物,这样就将所认识的现象视为最易于分类的形式。名词化表达式可以浓缩意义,同时与一致式相比较,名词化表达式的意义有增也有减。他们以 engine failure 为例来解释名词化表达式中的语义浓缩、语义增加和语义衰减。

用名词化表达式来表征其他现象,言者/作者就在话语中构建了臆想的物(imaginary or fictitious object)。名词化表达式表征了两个语义范畴的浓缩(fusion or junction of two semantic elemental categories)。虽然 shaker 和 shakiness 都派生于动词 shake,但是前者没有保留过程含义,而后者含有过程、属性、"物"的语义成分。development 和 failure 都同时含有"过程"和"物"的语义成分(Halliday & Matthiessen 1999)。

名词化表达式的语义增加在于它可以在含有过程意义的同时在小句

中作为参与成分而被扩展。engine failure 可以在小句中做主语、宾语、介词宾语、名词词组中核心名词的修饰语等。名词化表达式可以被代词限定,被形容词修饰,因此可以有 this engine failure, previous engine failure, frequent engine failure 等。

名词化表达式的语义衰减在于它虽然含有过程意义,但是与一致式相比较,没有了时态意义。engine failure 已不指称哪一部引擎的哪一次失灵,与"The engine failed."相比,名词化表达式的语义更抽象。然而,就是这样的抽象表达使科技语篇的信息组织更方便。

2.3.1.5 概念语法隐喻的语篇功能

系统功能语言学主张系统和实例相互参照的语言研究方法。从系统视角看,语法隐喻是词汇语法系统识解或重新识解意义的资源。从语篇作为语言运用实例的视角看,语法隐喻具有特殊的语篇构建功能。"这种重新识解过程所产生的是一种新的知识建构,并因此产生了一种新的意识[……]从概念意义上说,名词化创造了大量界限明确、性质稳定、内容确定的事物,而且还(取代了过程)在事物间创造出各种关系。"(韩礼德 2015:101) Halliday 将概念语法隐喻的科技语篇建构功能概括为技术化和理性化。

Martin(2010)也论述了语法隐喻在科技语篇中的知识建构功能和信息组织功能。科技语篇建构知识,组织信息,必然运用语法隐喻。就知识建构来说,语法隐喻在构建技术术语,解释过程之间的因果关系等方面至关重要。在科技语篇内的信息组织方面,语法隐喻也发挥重要作用。Martin 指出,名词化表达式能够通过技术性和抽象性的语义特点促成非常识性知识的构建。

朱永生、严世清(2011)进一步阐释了语法隐喻的语篇功能,将其分为指称功能、分类功能、凝聚和过滤功能、扩充功能、逻辑推导功能和语篇优化功能。他们特别指出,语法隐喻的指称功能对西方先前的指称理论客观上提出了有力挑战,因为先前的指称理论没有超越名词为中心的藩篱。他们还指出,传统的指称理论基本是静态意义分析理论,而语法隐喻的指称功能是动态的意义表征。

汤斌(2013)探讨了名词化与知识结构的关系。他以 Bernsteine(1999)的知识结构理论为基础分析不同类型话语中名词化的使用。Bernsteine 将知识的表达类型分为水平话语与垂直话语。水平话语构建常识性知识,其语言特点是口语化、常识性、具体化、语境依赖性强。垂直话语构建学科知识,其语言特点是书面化、专业化、抽象性。Bernsteine 将垂直话语的知识结构分为两种类型:等级知识结构(例如物理学的知识结构)和水平知识结构(例如哲学的知识结构)(详见于晖 2012)。汤斌以英语例句为据,认为:"从水平话语向垂直话语过渡,名词化程度随之增强,话语的专业化与抽象性也随之增强;垂直话语向水平话语过渡体现为去名词化过程(de-nominalization),即在话语中尽可能减少名词化使用。"(汤斌 2013:87)

2.3.2 语法隐喻理论研究中的争议

2.3.2.1 隐喻式与一致式的语义等值问题

如第一章所述,早期 Halliday 的语法隐喻模式视语法隐喻为表达方式的变异,一致式和隐喻式是不同的能指,相同的所指。换言之,相同的意义可以用一致式或隐喻式来体现。一致式与隐喻式的语义关系问题客观上成为语法隐喻理论研究的灰色区域。Ravelli(1988)论述了语法隐喻的语义复合性。她指出,语法隐喻的意义比一致式的意义更复杂。一致式表达的意义为"既定意义",隐喻式表达的是"既定意义+其他意义"。Derewianka(2003)强调一致式表达的是语义简单体,体现单项语义特征选择,而隐喻式表达语义复合体,体现多项语义特征选择。何伟(2008:1)论证了语法隐喻"既是一种形式变体,又是一种意义变体"的合理性,认为只关注形式变化的语法隐喻观与系统功能语言学的一贯主张相悖。范文芳(1999)也指出,名词化隐喻兼有"参与者"和"过程"意义。

2.3.2.2 语法隐喻分类问题

在《功能语法导论》第一、二、三、四版中,语法隐喻分为概念语法隐喻和人际语法隐喻两种类型。Martin(1992/2004)认为语篇语法隐喻在语篇层面发挥衔接作用。他指出,语篇语法隐喻发挥逻辑功能。但是,在他看来,语篇语法隐喻不限于逻辑意义,通常还具有人际意义,用来表达言者的态度。这有些令读者费解。Thompson(1996;2014)指出,语篇语法隐喻这一术语是否必要是有争议的。胡壮麟(2000:90)综述了语篇隐喻问题,认为"韩礼德对语篇隐喻一直持某种程度的保留"。胡壮麟(2004)注意到在言辞成分层级的概念语法隐喻分类没有包括"实体转换为过程",认为这与 Halliday 的一贯主张相悖。Halliday 认为语法类别可以转变,词类转变不一定有形式变化,重要的是句法功能变化。"这不是韩礼德的疏忽,也不是受所分析语料的限制,而是他的观点。在广州中山大学会议上,他认为实体不能转化为过程。我个人认为他的这一论断还不能解释实际语言现象。实际语料表明实体可以隐喻化为过程。"(胡壮麟 2004:191)胡壮麟给出的实例是"Our office is carpeted."。实际上,汉语中实体转化为过程的例子屡见不鲜。令人费解的是 13 种转化模式中含有"环境转化为过程"和"关系转化为过程",但竟然没有"实体转化为过程"。

2.3.2.3 语法隐喻与词汇隐喻的区别问题

系统功能语言学将词汇语法视为语言的一个层面,如何解释语法隐喻与词汇隐喻之间的区别与联系则成为一个颇有争议的问题。一种观点认为两种隐喻没有区别。Thompson(1996)认为语法隐喻和词汇隐喻没有本质区别,词汇隐喻可以视为语法隐喻的次范畴。另一种观点认为两种隐喻认知本质相同,但是仍有差异:"词汇隐喻和语法隐喻不是不同现象。它们是我们通过拓展语义资源来识解经验这一策略的两个方面。两者之间的主要差异在于精密阶。语法隐喻涉及跨域重新识解,这两个领域都很笼统。词汇隐喻也涉及跨域识解,但是两个领域在语义系统中相对更精密。"(Halliday & Matthiessen 1999:233,笔者译)Yang(2007)从体现方式和意义特征两方面分析了二者的差异。语法隐喻必须有词语的转类或/和转级,词汇隐喻则无须此种转换。语法隐喻是可供选择的表达式,而词汇隐喻往往是唯一的表达式,用以填补词项空缺(如"光年""马力""纸老虎")。词汇隐喻可以使所表达的意义具象化,而语法隐喻所表达的意义更抽象,所以多见于科技语篇。

2.3.2.4 语法隐喻中的级转移向度问题

语法隐喻理论在发展过程中相对更关注概念语法隐喻的分析。概念语法隐喻既涉及级转移又涉及类转移,级转移的倾向是上一级向下一级转移,即小句复合体转为小句,小句转为词组或短语。然而,当我们观察人际语法隐喻的级转移时,级转移的方向恰好相反,表达情态意义或语气的词语可以由相应的句子结构来表达。林正军、杨忠(2010)论述了语篇建构中情景因素对表达方式的选择,证实了从共时视角来观察,级转移是双向的,而不是单向的。

刘承宇(2005)论证了概念语法隐喻和人际语法隐喻的转级逆向性。他认为概念语法隐喻主要用于将经验意义构建为浓缩、抽象的范畴和关系,在词汇语法层体现为自上而下的转级;人际语法隐喻常常使用更明晰的表达式来体现交际者之间的关系,在词汇语法层多体现为自下而上的级转移。

2.3.2.5 语法隐喻中的类转移向度问题

语法隐喻涉及级转移和类转移。类转移是单向的还是双向的？先前研究较多阐释了"过程""性质/状态"向"实体"转移,即 Halliday 所说的语法隐喻的主要形式是名词化。Halliday 在《语言与人类经验重塑》一文中写道:"语法类别不是一成不变的。语法往往可以把一类词变成另一类词(注意：形式上可以有变化,也可以没有变化,重要的是句法功能上的变化)。"(韩礼德 2015: 15)关于科学语言发展趋势,Halliday 写道:"也有可能从目前的名词化和语法隐喻两大特征方面退回到以前那种状态：更注重过程,而且允许有更大的不确定性和易变性。"(韩礼德 2015: 239)他引用沃尔夫(Benjamin Lee Whorf)对霍皮族人语言的观察报告。霍皮人语言中的高度抽象的词都是动词,而不像在欧洲语言中那样,都是名词。胡壮麟(2004)指出,令人困惑的是,Halliday 在广州会议上表达了实体不能转换为过程的观点。胡壮麟认为这不能解释实际语言现象。在他看来,"Our office is carpeted."这样的实例表明,实体可以隐喻化为过程。这样说来,语法隐喻中的类转移是双向的,而不是单向的。朱永生(2006)论证了动词化隐喻现象。

2.4 语法隐喻应用研究

语法隐喻作为语言使用现象发生在语篇层面。语法隐喻研究的成果首先应用于语篇分析。语篇构建能力是交际能力的重要方面,观察语言学习者的语法隐喻能力自然成为语言习得研究领域的热点之一。功能语言学视翻译为语篇再生过程,语篇翻译过程中如何处理语法隐喻成为翻译研究关注的问题。本节从话语分析、语言习得、翻译研究三个方面简要回顾语法隐喻应用研究。

2.4.1 语法隐喻作为语篇分析的观察点

话语或语篇是以语言为媒介的交际活动。这种活动在一定的情景语境发生,本质上是一种社会活动,受文化传统、意识形态、权力关系、心理状态等诸多因素影响。因此,话语分析属于交叉学科,涉及语言学、社会学、人类学、心理学、修辞学等学科。Fairclough(2001)分析了语篇内隐含的权力关系和意识形态。他主张从语言描写、阐释、解释三个层面进行批评话语分析。在语篇的语法描写中,名词化的使用成为他的观察点之一。他以《兰卡斯特卫报》1986 年 12 月 12 日刊载的一篇报道为例,分析了名词化的语篇功能。报道的题目是"Quarry load-shedding problem",内容是地方行政会上关注到一个采石场的运输车因没有盖运物而导致所运石料散落于沿路的问题。Fairclough 认为,标题中采用的名词化表达式只突出"后果"而隐去"原因",隐去"原因"是为了回避"责任"。在他看来,撰稿人采用这样的修辞手段就是在语篇构建过程中利用媒体的特权来决定话语的信息。

Fairclough 的分析结果在相当程度上得到认知视角语篇分析结果的印证。Ponterotto(2000)探究了语篇构建与认知的关系。她综述了解释这种关系的两个模式,一个是管道模式(conduit model),另一个是蓝图模式(blueprint model)。前者是对语言与思维关系的传统解释。交际过程的起点是发话人,终点是听话人,中间为信息的编码和传递。她认为这一模式忽略了信息整合和组织过程。在她看来,蓝图模式更好地解释了语篇生成过程。她赞同 Tomlin et al.(1997)对蓝图模式的阐释。语篇生成过程少不了两个方面的信息处理。第一是知识整合,即言者/作者在意识层面激活并整合要传递的信息。第二是信息组织,即在语篇内将意义编排为逻辑通顺的信息流。这要求言者/作者有能力在四个层面组织信息: 1) 修辞层面(与交际目的相关);2) 指称层面(选择合适内容);3) 主题意义层面(选择小句的信息起点);4) 信息焦点层面(如何突出重要信息)。显然,无论批评话语分析还是认知话语分析都重视语篇意义表达的选择及选择的制约因素的分析。

认知视角的语篇分析和隐喻研究引起国内学者的注意。朱永生、苗兴伟

(2001)指出,在语篇发展过程中,言者/作者对听者/读者知识现状的假设体现在语篇内信息组织的方式上。魏在江(2006)综述了Ponteretto(2000)和Tomlin et al.(1997)等人的研究成果,重点分析了隐喻在语篇构建中的功能,认为隐喻的经济性和简洁性使其成为语篇信息组织的重要而且常见的手段。

2.4.2 语法隐喻作为个体语言发展的观察点

系统功能语言学关于科技语篇中语法隐喻的分析结果触发了应用语言学领域的语法隐喻研究。Liardét(2016)分析了语法隐喻使用与英语学术写作水平之间的关联。该项研究基于学生作文语料库观察分析了澳大利亚麦考瑞大学十名学生学术论文中的语法隐喻使用。这些学生来自不同国家,英语水平不同,被分成高成绩组和低成绩组。研究发现:高成绩组学生学术论文中名词化表达式的平均使用频率(12次/100词)高于低成绩组学生学术论文中名词化表达式的平均使用频率(9.9次/100词);高成绩组文章中的词汇密度(平均每小句16.2个词)高于低成绩组文章中的词汇密度(平均每小句14.1个词);高成绩组文章中语法隐喻的密度(平均每小句2次)高于低成绩组文章中的语法隐喻密度(平均每小句1.4次)。文章的结论是:语法隐喻的确是学术语篇意义建构的重要手段,语法隐喻的使用能从一个侧面显示学生的学术写作水平。但是,不正确地使用语法隐喻会导致意义表达不清,语法隐喻的使用应在语言教学中得到应有的重视。

Liardét(2016)基于中国英语学习者语料库分析了中介语语篇中语法隐喻使用的准确程度。研究者分析了130名中国学生连续4个学期共520篇议论文中的名词化表达式。统计结果显示,学生的议论文中名词化表达式的使用频率持续上升,四个学期的文章里每10 000词中出现的名词化表达次数依次为164、238、276、360。数据表明,总体上语法隐喻使用频率与语言发展水平呈正比。该文章进一步观察分析了学生作文中所使用的语法隐喻,发现有些语法隐喻表达形式不完整,被作者称为"半语法隐喻",例如"It not only promote our languages COMMUNICATION but also improve the UNDERSTAND between different countries."。这样的半语法隐喻所占的比例随着学习进程逐步下降,第一至第四学期分别为16.9%、12.2%、9.5%、7.4%。研究者将这种半语法隐喻的使用解释为"不完全再识解",并建议在外语教学中应给予重视。

周惠(2016)分析了中国英语专业硕士研究生学位论文的语篇评价意义,将语法隐喻作为词汇语法共同作用的语篇评价资源之一进行识别、标记、统计。该博士论文采用自建语料库的研究方法,选取 50 篇英语专业硕士研究生的学位论文,再选取 50 篇作者为英语本族语者的同级学位论文作为参照。统计结果显示,受试组论文中的概念语法隐喻使用频率显著少于对照组论文中的概念语法隐喻使用频率($-38.42, P<.001$)。结果还显示,两组论文在动词化的使用上没有明显差异。受试组论文中使用的语法隐喻存在不完全隐喻形式,印证了 Liardét(2016)的研究结果。

2.4.3 语法隐喻在翻译研究中的应用

黄国文(2009)率先探讨了语法隐喻在翻译研究中的应用。在翻译实践中,译者必然选择可以表达原文意义的词汇和语法结构。译者对这些可供选择的结构的选用不是盲目的,而是出自认真考虑的。他认为:"最靠近原文意义的表达式就可看作是一致式,与其相比远离原文意义的表达式就可看作是隐喻式。"(黄国文 2009:6)他以巴金的中篇小说《春天里的秋天》的英译文本为例,分析了译文中的语法隐喻表达式和可能采用的语法隐喻表达式。他指出,在翻译过程中采用一致式还是隐喻式应具体情况具体分析,因为表达形式的选择受交际目的、场合、交际双方的关系、交际内容等文化和情景因素制约,也取决于译者对原文意义的理解。以原文中"回去呀!"这样简单的一句话为例,英译文为"Shall we go back?"。在黄国文看来,这个译文句子带有商量的口气,是采用了隐喻式表达,而原文没有商量口气,如采用一致式表达可译为"Let's go back."。这样看来,"如果我们要评估译文,也可以从语法隐喻的角度着手"(同上:9)。

2.5 结　语

综上所述,系统功能语言学视阈的语法隐喻研究在过去三十多年里经历了理论创立、理论发展、实际应用三个阶段。关于语法隐喻现象的讨论首先发生在汉语语法研究领域,遗憾的是,由于囿于词本位的观察分析,关于名物化的争论没有形成理论建树,没能在语言学领域获得应有的话语权。改革开放之后,系统功能语言学传入中国,语法隐喻研究蒸蒸日上,在介绍阐释、理论探究、实际应用方面都取得了令国际同行瞩目的成绩,为进一步发展、应用语法隐喻理论奠定了基础。然而,深入审视先前的研究,语法隐喻理论仍有一些缺憾。

首先,语法隐喻理论的提出基于对英语的分析,还没有在其他语言中进行系统的印证。汉语中存不存在语法隐喻仍是有争议的问题。

第二,语法隐喻还没有明确的定义,导致隐喻式与一致式的界定缺少理论依据,也导致语法隐喻与词汇隐喻的关系没有令人信服的解释。

第三,语法隐喻的分类仍是有待解决的问题,分类的依据仍不够明确。依据功能分类,还是依据层次分类?如依据功能分类,语篇语法隐喻是否应为一类?这些问题都有待于进一步研究。

第四,语法隐喻的发生动因是什么?如果将语法隐喻视为基于语法形式的修辞手段,那么这种修辞手段的采用如何服务于交际目的?

第五,什么体裁的语篇富含语法隐喻表达式?系统功能语言学家们分析了科技语篇中的语法隐喻使用,但语法隐喻在其他类语篇(如政治语篇)中的使用情况如何?

第六,语法隐喻的语篇发生及形式与语言类型有没有关系?Halliday最初提出语法隐喻概念是基于英语和汉语中的实例。此后,英语中的语法隐喻研究如火如荼,成果丰硕,而汉语语法隐喻研究成果却相形见绌。英语和汉语语法隐喻之间有何异同还没有系统的对比研究成果,英汉互译中语法隐喻的翻译策略尚无系统性研究。

第三章

语法隐喻研究的功能语言学理论基础

语法隐喻这一概念产生于基于使用研究语言的功能语言学范式。美国科学哲学家库恩在其经典著作《科学革命的结构》(2003)中,用范式(paradigm)表示一种由诸多概念、假设和方法构成的研究框架。Halliday 是后 Saussure 时代拓展语言学研究之大成者,语法隐喻是拓展语言学最典型的可操作概念之一(Martin 2010)。语法隐喻这一概念既涉及语法学又涉及修辞学,根植于系统功能语言学独特的语言观和方法论。本章将阐释系统功能语言学的整体语言观、建构主义范畴观、意义衍进论和语境论。

3.1 整体语言观[①]

任何一门科学的确立都需要明确对象和方法,即研究什

[①] 系统功能语言学认为语言作为系统和语篇作为语言使用实例同属于语言现象,二者之间的关系称为 instantiation,国内译为"例示"或"实例化"。Halliday(2008)将二者的关系视为 complementarity,本书称为"语言-语篇并协论",它明确表征了系统功能语言学的整体语言观。

么、怎么研究。Saussure(1959:3)回顾先前的语言研究后指出:"虽然比较语言学开辟了有成果的语言研究新领域,但是没有能成功地创建真正的语言科学。显然,不走出这一步,任何科学方法都无从谈起。"(笔者译)关于语言学的研究对象与方法之间的联系,Saussure 有其洞见:"其他科学都是对预先确定了的对象进行研究,对象可以从不同的观点记忆考虑。在我们的领域里,情况却不是这样[……]不是对象确定于观点之前,恰恰是观点创造了对象。"(同上:28,笔者译)

"语言学可以定义为语言的科学研究。"(Lyons 1968:1,笔者译)然而正如 Lyons 本人所指出的,这样的定义并不能明确告诉人们语言学研究什么。语言的多面性、复杂性决定了语言学的边界模糊。Saussure 的突出贡献是明确界定了语言学的研究对象,使语言学成为一门独立的学科。

语言是什么?这是语言学家必须回答却难以回答的问题。语言的不同定义就隐含着语言学家的语言观和方法论。Saussure 在《普通语言学教程》绪论的第三章中问:"语言学的又完整又具体的对象是什么?""这个问题特别难以回答。"(Saussure 1958:16,笔者译)他在区分了语言和言语之后给出了定义:"语言是表达观念的符号系统。"(同上,笔者译)"语言学研究符号及符号的关系。它们是这门科学的具体事实。"(同上:102,笔者译)他在强调语言符号系统的实在性的同时也指出,语言是同质的(homogeneous),言语是异质的(heterogeneous)。

哲学认识论认为,认知就是发现对象之间的关系,或在对象中再发现实在对象。对象是我们能够看到、想到,或能用符号指称的"在",不仅包括物体,还可以是过程、关系、属性等(石里克 2005)。在 Saussure 时代,科学中的系统论尚未出现,他能以"系统"一词指出语言的本质属性,显现出他超越时代、探幽入微的非凡才能。Saussure 将符号关系也视为实体,将符号关系分为组合关系和聚合关系,这是划时代的贡献。他在语言研究对象和方法方面的独到见解奠定了现代语言学的科学地位,对语言学发展产生了深远影响。陈平(1987:4)认为:"索绪尔的这种主张使人眼界大开,开始对语言系统本身的性质产生兴趣,把研究重点转移到了对语言共时态的描写。"

然而,只研究语言系统不研究语言使用的研究范式带来的问题是语言学研究成果的应用价值大打折扣。Harris(1998)认为 Saussure 的语言学理论主张本质上存在分离主义(Segregationism),Saussure 提出的"代码交际模式"根本不包含语境因素,因此难以深入解释语言的交际作用。

伦敦功能主义学派历来不赞同语言-言语二元划分。有学者在访谈

Halliday 时问道:"功能主义语言理论是语言系统的理论,即 Saussure 所指的语言(langue)的理论吗? 我以为你的语言理论是与经典的语言-言语或语言能力-语言使用二元论背道而驰的。"Halliday(1978:52)指出,他的老师 Firth 认为这种二元划分没有必要。如果研究语言使用,就没有区分语言和言语的余地。唯一有意义的区分是实际的(the actual)和潜在的(the potential)。三十年后这一划分被表述为"系统"和"语篇"。

"系统"是语言潜势,为语篇生成提供资源。"语篇"是语言使用的实例。二者的关系是实例化(instantiation)。二者都是语言现象,只是观察视角不同。语言与语篇的关系好比气候和天气的关系。气象学长期观察的对象是气候,短期观测的对象是天气。每一个语篇作为语言的实例都是鲜活的,它一方面以系统为资源生成,另一方面可以加强系统甚至改变系统。"语篇与系统之间的这种辩证关系就是我们理解的活的语言。说一门语言是'活的',是说它是一个动态的开放系统。它通过与环境相互作用而不断发生变化来维持其存在。"(Matthiessen & Halliday 2009:142,笔者译)语言系统作为潜势与语篇作为实例构成连续统,系统直接与文化语境关联,语篇直接与情景语境关联。一类情景语境就是社会活动范畴[Matthiessen (2006)称为 institutional context]。社会活动范畴决定语篇的语言系统资源配置。从语言系统端来看这种系统资源配置潜势就是语域(register),从语篇作为实例角度来看这种系统资源配置就是语类(genre)。系统功能语言学的整体语言观如图 1 所示。

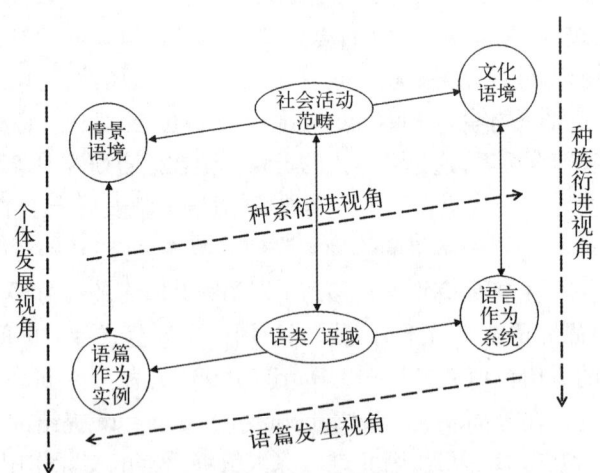

图 1　系统功能语言学的整体语言观示意图

在系统功能语言学的研究范式内,作为资源系统的语言和作为使用实例的语篇都是语言学的研究对象。Halliday(2008)明确阐述了系统与实例相互参照的语言学研究方法论。语法学家应首先着眼于系统,但是必须参照语篇,否则所概括的语法规则就成了无源之水。话语分析家的工作对象是语篇,但是必须时时参考系统资源,不然就不可能评价所分析的语篇。语言与语篇的互补性决定了语言研究者必须兼顾两个视角才能全面描写和解释语言使用。

语言-语篇相互参照的主张也是话语分析家的共识。"每一个语篇都预设一个规约性符号系统,即语言。或者说,每一个语篇背后存在一个语言系统。语篇内可重复、可复制的一切都与系统相符。然而每一个语篇都是唯一的,不可重复的,它的整体意义(包括谋篇布局、交际目的)不可复制。"(Bakhtin 1986:105,笔者译)

系统功能语言学致力于适用语言学(appliable linguistics)研究,倡导系统与语篇相互参照的研究范式。Halliday(1994)在引论中明确指出,构建功能语法就要为语篇分析服务。语篇分析的低级目标是帮助理解语篇,高级目标是评价语篇的优劣。旨在为语篇分析服务的功能语法描写必须基于语篇。"语法学的任务远不止是描述这个系统,它还要把系统与语篇结合起来,或者说[……]把系统和语言实例结合起来描述。"(Matthiessen & Halliday 2009:141,笔者译)

3.2 建构主义范畴观

范畴"是指思想、语言、或实在的基本和一般的概念"(布宁、余纪元 2001:142)。它是"人的思维对客观事物的普遍本质的概括和反映。各门科学都有自己的一些基本范畴,如化合、分解等,是化学的范畴;商品价值、抽象劳动、具体劳动等,是政治经济学的范畴;本质和现象、形式和内容、必然性和偶然性等,是唯物辩证法的基本范畴"(《现代汉语词典(第7版)》)。

范畴化是认知的最基本过程,因此成为认知语言学研究的重要领域。Taylor(2003)开宗明义地论述了范畴化能力是所有动物生存的首要能力,无论高级动物还是低级动物都必须区分什么有利、什么有害,什么可食用、什么不可食用。

西方哲学和中国古代哲学都有关于范畴的论述。亚里士多德在《范畴篇》中提出了十类范畴：本体、数量、性质、关系、地点、时间、姿态、状况、活动、遭遇。康德在《纯粹理性批判》中区分了四类范畴，量：统一性、复多性、总体性；质：实在性、否定性、限制性；关系：实体/偶性、原因/结果、主动/被动；样式：可能性/不可能性、存在性/非存在性、必然性/偶然性。康德认为范畴化与判断行为密不可分。

中国古代哲学家在分析名与实的关系过程中也谈到判断与范畴的关联。"夫辩者，将以明是非之分，审治乱之纪，明同异之处，察名实之理，处利害，决嫌疑。［……］以名举实，以辞抒意，以说出故。以类取，以类予。"（《墨子·小取》）墨子还论述了划分范畴的依据问题。"牛狂与马惟异，以牛有齿，马有尾，说牛之非马也，不可。是俱有。不偏有偏无有。曰牛与马不类，用牛有角，马无角，是类不同也。若举牛有齿，马有尾，以是为类之不同也，是狂举也。"（《墨子·经说下》）20世纪70年代末至80年代初，认知心理学、社会语言学、认知语言学研究成果都证伪了传统的范畴观，提出了范畴典型论，解释了范畴的模糊性及范畴隶属程度（详见杨忠、张绍杰1998）。

系统功能语法的创立与范畴紧密相关。Halliday 在 1961 年发表于 Word 第三期的文章《语法理论的范畴》(Categories of the Theory of Grammar) 中指出："描写就是要把语篇和语言学理论的范畴联系起来，其具体方法涉及若干个种类不同、程度各异的抽象过程［……］。"（韩礼德 2015：24）该文提出的语法理论基本范畴是单位、结构、类、系统。这样看来，系统功能语言学初创时期应用了范畴理论。在系统功能语言学理论发展过程中，Halliday 等阐述了范畴化在系统衍生中的作用。20世纪80年代，认知语言学关于认知隐喻的研究如火如荼。以 Halliday 为代表的系统功能语言学家们注意从系统功能视角探究基于语言的认知。《通过意义识解经验——基于语言研究认知》(Halliday & Matthiessen 1999) 评述了认知语言学关于范畴化的研究成果，明确阐述了系统功能语言学的认知观：经验通过语言识解为意义（而不是首先识解为知识）。识解经验首先意味着命名事物并识别事物的类属。在这部巨著中作者表达了系统功能语言学的建构主义范畴观：

> 范畴化常被认为是将原本相似的现象归类的过程，类似乎是自然赐予我们的。可是这不是事实。［……］范畴化是创造过程，在这个过程中经验转化为意义。在经验世界里识解类别的方法可以无穷，语

义系统资源使我们人类,使文化相同的人们识解那些我们认为具有物质或象征价值的范畴。(Halliday & Matthiessen 1999:68,笔者译)

Halliday & Matthiessen 从个体发展视角将范畴与语义系统联系起来。他们认为:1)儿童在与人互动交流的过程中将经验现象识解为意义;2)初步的经验识解就是语义分类,命名不仅仅是建立符号与对象之间的联系,同时也是认知范畴与语义系统之间的关系(例如:一个两岁半的儿童问妈妈"鸭嘴兽是动物吗?""海豹是动物吗?");3)范畴化过程是个体语言发展中系统资源的积累过程。语言不仅反映现实而且建构现实的观点在 Halliday(1992:65)中就已有明确论述:

> 语言不是被动地反映现实,语言积极地创造现实。经验通过词汇语法来识解,我们的感知通过词汇语法化为意义。范畴和概念不是预先给予我们的,而是通过语言识解的。因此,自然语言的词汇语法就是人类经验的理论,也是社会行为的准则。(笔者译)

这里有必要区分两类范畴体系。一类是自然语言中的范畴体系,即通俗分类系统(folk taxonomy),例如,动物、哺乳动物、猫科动物。不同自然语言的范畴体系不尽相同,范畴划分的精密度也存在差异。另一类范畴体系是元语言范畴体系,即不同语言学流派在描写、解释语言现象过程中创立的范畴体系。例如,单位、类、结构、系统在系统功能语法中被视为基本语法范畴。在系统功能语言学中,"系统"是可供选择的集合。例如,及物系统就是六种类型过程(物质、关系、心智、行为、言语、存在)的集合,属于元语言范畴体系。

3.3 意义衍进[①]论

语言学语义研究历史较短,法国语言学家布雷阿尔(Michel Bréal)于

[①] Halliday & Matthiessen(1999)提出 semogenesis 这一概念,国内有学者译为"意义演进"。本书译为"衍进",用来指意义发生和发展。

1893年提出语义学这一术语(贾彦德 1999)。在过去的百余年里,语义学经历了传统语义学和现代语义学发展阶段,研究范式多样。Lyons(1977)概括出三种范式:1) 行为语义学,基于刺激-反应理论;2) 逻辑语义学,基于数理-逻辑理论;3) 结构语义学,源于 Saussure 对符号的分析。Saeed(1997)也概括出三种范式:1) 结构语义研究;2) 形式语义研究;3) 认知语义研究。Taylor(2002)分析了三种语义研究路子:1) 语言-世界路子——研究语义即研究词语与事物之间的关系;2) 语言内部路子——研究语义即研究语言符号系统内部的关系;3) 概念路子——研究语义即研究语言使用者头脑中的概念化方式。

这些范式的语义研究对象没有超越词、句层,没有涉及语篇语义分析。语篇是语言的使用单位,不描写、解释语篇语义就难以深入解释人际沟通。上述语义研究范式都脱离语境研究语义。词汇语义学和句子语义学都是"无语境"意义研究模式(李福印 2006)。

传统语义研究基于客观主义语义观,逻辑语义学和结构语义学都将意义的本质理解为符号与世界的对应关系。Leech(1981)认为,语义学研究二元关系,即语言符号与世界的关系,语用学研究三元关系,即人、符号、世界之间的关系。传统语义观排除人的意识,赋予符号本体地位,却忽略了人的意识在意义建构中的作用。这样的语义研究成果的应用价值大打折扣。

认知语言学家们证伪客观主义语义观,主张经验现实主义语义观。Lakoff(1987)指出了客观主义语义观的缺失。他以颜色词为例说明,词不仅仅与客观世界的现象对应。颜色存在于人与环境的互动,与人的生理机制密切相关。颜色范畴不只是客观世界的"在",还是人认知的产物,与同一文化群体的共识紧密相关。

系统功能语言学持建构主义意义观,认为意义是人与环境、人与人互动的产物。"我们持建构主义意义观。这种意义观源于欧洲语言学家 Firth、Hjelmslev 的研究。这种观点认为,语法识解经验,为我们建构事件、事物。[……]意义不先验地存在于表达。意义衍进于我们的意识与环境的互动。"(Halliday & Matthiessen 1999:17,笔者译)他们主张从三个时间维度来解释意义发生:种系进化维度(phylogenetic time frame);个体发展维度(ontogenetic time frame);语篇生成维度(logogenetic time frame)。他们指出,意义随着时间衍进,因此可以至少从以上三个时间维度来观察分析。他们在注释中指出:"可能有更多维度,但是这三个维度至关重要。"

(同上)

首先,我们应指出,这一意义衍进理论着实是语义理论的创新,从多个视角解释了意义的发生和演进。语言符号系统随着人类进化而发生发展,为个体语言发展提供环境和资源。语篇生成基于语言符号系统资源,利用系统资源,同时丰富系统资源。三个维度的意义衍进相辅相成,相得益彰。

其次,这种建构主义意义衍进论不仅有坚实的欧洲功能语言学理论基础,而且有心理学理论的影响。建构主义源于瑞士心理学家皮亚杰(Jean Piaget)的《发生认识论原理》。该书的引言就提出观点,认识不是主体内部结构预先决定了的,而是起源于不断的建构。

> 认识起源于主客体之间的相互作用,这种作用发生在主体和客体之间的中途,因而同时既包含着主体又包含着客体,但是这是由于主客体之间完全没有分化,而不是由于不同种类事物之间的相互作用。另一方面,如果从一开始就不存在一个认识论意义上的主体,也不存在作为客体而存在的客体,又不存在固定不变的中介物,那么,关于认识的头一个问题就将是关于这些中介物的建构问题:这些中介物从作为身体本身和外界事物之间的接触点开始,循着由外部和内部所给予的两个互相补充的方向发展,对主客体的任何妥当的详细说明正是依赖于中介物的这种双重的逐步建构。(皮亚杰 1997:22)

这一理论与系统功能语言学的意义观大体吻合。不过,Piaget 的研究仅仅是个体发展视角。他对儿童语言的分析结果显示,自我中心的话语占主导地位。Vygotsky(1962)不赞同 Piaget 关于儿童语言发展规律的解释。他认为,儿童自我性和交际性话语都是社会互动的产物。

> 我们认为儿童语言发展模式是社会的、自我的、内化的。这有别于传统的行为主义模式(有声的、自语的、内化的),也不同于皮亚杰的模式(无声自闭思维、自我思维及话语、社会化的话语及逻辑思维)。我们的认识是,思维发展的真正走向不是从个体内化走向社会化的过程,而是从社会化走向个体内化。(Vygotsky 1962:19-20,笔者译)

Vygotsky 的社会建构主义理论与系统功能语言学的基本原理有相同

之处(Byrnes 2006;朱永生、严世清 2011)。Halliday & Matthiessen(1999)强调,他们的意义观蕴含着人际视角,意义是共同建构的、交互的。经验识解是在主体间进行的,既具有符号性又具有社会性。

最后,在充分肯定 Halliday & Matthiessen 提出的意义衍进论的同时有必要指出其局限性。这一三维阐释没能解释语言系统与文化语境的关系,对意义衍进的解释仅从时间维度展开,忽略了空间维度,也就忽略了自然语言演进的文化背景①。这样就导致了两个问题。一是这个理论与系统功能语言学的一贯主张不一致,特别是与语言-语篇并协论不一致。系统功能语言学认为自然语言系统在文化语境中衍生发展,语篇在情景语境下生成。不将文化语境纳入意义衍进理论客观上导致了功能语义研究范式的不一致。二是种系进化视角的意义研究是普遍主义意义研究范式,这种意义研究范式遇到了难以克服的障碍。普遍主义意义观属于哲学-逻辑学传统的语言研究范式,而修辞学-民俗学传统的语言研究范式倾向于持相对主义意义观(杨忠 2010)。

研究自然语言的意义需要种族演进视角(ethnogenetic time frame)。这意味着观察、描写、解释一种自然语言如何在其文化背景中衍生发展。实际上,Halliday(1992)论述了意义衍进的三种观点。一是普遍主义意义观,二是苏联学者的上层建筑观,三是相对主义意义观。他明确表示支持第三种观点。

相对主义意义观的最明确表达可能莫过于德国思想家洪堡特(Wilhelm von Humboldt)的《论语言的民族特性》。"各种语言的差异并不仅仅在于符号有别;词语和词语的结合同时也构成并确定着概念;就其内在联系、就其对认识和感知的影响而言,不同的语言也即不同的世界观。"(洪堡特 2001: 63)

文化通过语言影响思维的观点被后人称为萨丕尔-沃尔夫假说,系统的论述见 Whorf 于 1940 年发表于《技术评论》的题为《科学与语言学》的论文。下面一段引文明确表达了他们的观点:

> 当语言学家能够用一种批评的、科学的态度去检验许多模式差别很大的语言的时候,他们的参照基础便得到了扩展;在此以前被认为具有普遍性的现象,其普遍性已被打破;一种全新的意义秩序进入了

---

① 这一观点曾发表于《中国外语》,2011(5): 83-88。

他们的视野。我们已经发现,背景性的语言系统(或者说语法)不仅是一种用来表达思想的工具,而且它本身也在塑造我们的思想[……]。想法的形成不是一个独立的、像过去被认为的那样非常理性的过程,而是特定语法的一部分,在不同的语法中或多或少有所不同。我们用自己的本族语所划的线切分自然[……]。这种切分和组织在很大程度上取决于一个契约,即我们所在的整个语言共同体约定以这种方式组织自然,并将它编码固定于我们的语言形式之中[……]。这一事实对现代科学来说意义重大,因为它意味着没有人能够对自然进行绝对公正的描述。即使在他认为自己最为自由的时候,他也受到了某种阐释方式的限制[……]。由此,呈现在我们面前的是一种新的相对论。该理论认为,同样的物质现象并不能使所有的观察者对世界产生同样的认识,除非他们的语言背景相近,或是可以通过某种方式得到校准。(沃尔夫 2001: 211-212)

Levinson 提出了萨丕尔-沃尔夫假说的新解(1997: 28):

(1) 不同语言使用的词汇概念体系不同;
(2) 不同语言中的词汇在"分子"语义层的意义表征各异;
(3) 在概念系统内,"分子"层面的意义可以分解为"原子"层面的概念;
(4) 从人类种系的进化角度来理解,这些"原子"意义概念完全可能具有普遍性;
(5) 讲不同语言的人可能使用不同的"分子"层面合成意义系统和相同的"原子"层面意义概念系统;
(6) 人们在使用不同的"分子"层面概念系统进行思维和交流时,在很大程度上说,不存在人类心理共性;然而,他们是在"原子"层面概念基础上组合"分子"层面概念系统,因此,可以说有普遍的表征系统。(笔者译)

综上所述,语言相对论及其新解对于理解文化、语言、思维的关系颇有启示作用。文化通过语言影响思维,自然语言之间的词汇-语法差异背后是语义差异,自然语言的语义系统兼有民族性和普遍性。"既然语义普遍性和民族性都是客观存在,那么普遍主义和相对主义的差异只是研究视角的差异,无正误之分,无优劣之别。不同研究视角是互补关系。观察庐山,'横看成岭侧成峰',研究语义也同理。采用什么视角进行语义研究取决于研究目的。若为探求人类认知共性,自然以语义普遍性为研究对象。若为语言教学、翻译、词典编撰提供可借鉴的研究成果,则宜采用种族衍进的意义观察视角。"(杨忠 2010:15)因此,本书采用种族衍进视角、语篇发生视角和个体发展视角来观察分析语法隐喻现象。

3.4 语境论

两种语义研究传统从古希腊哲学延续至今,即哲学-逻辑学传统和民俗学-修辞学传统。系统功能语言学源于后者(Halliday & Matthiessen 1999),继承、发展了伦敦学派的语境思想。

"英国哲学家的语义学是一种话语语义学,这种语义学一开始就处于指示活动的领域,甚至在它考察语词时也是如此。[……]语境机制(语词或非语词的)有助于排除多义词的模糊性并且决定着新意义的形成。"(利科 2004:170-171)系统功能语言学强调文化语境和情景语境对语言系统和语篇的作用。关于情景语境的理论阐述集中于语域论和语类论。

社会语言学将语言的共时演变结果概括为地域方言和社会方言。这种语言变体是与使用者关联的变体。另一种语言变体是与使用关联的变体,系统功能语言学将这种语言变体称为语域。Halliday et al.(1964)认为语言的使用受三个情景语境要素的制约,即语场、语旨、语式。Halliday(1978)从社会语义系统视角进一步明确阐述了三个语境要素的内涵。社会语义系统由概念意义、人际意义、语篇意义三大语义范畴构成。在实例化过程中,语篇的意义建构受三个情景要素的影响。

语场即使用语言进行的社会活动,在社会文化中具有明确的意义、程序、内容。语旨是活动参与者之间的一系列关系,包括相对稳定的社会关系和当时场合的话语角色关系。语式指交际渠道(口语、书面语等)和修辞类型的选择。

语域理论解释了语言系统与情景语境之间的关系。一类情景下可能选择的系统资源就是语域。"语域可以定义为文化社团成员在一类情景下联想的语义资源配置,是特定情景下可以调用的意义潜势。"(Halliday 1978:111,笔者译)这个定义中蕴含着语域的或然性。在后来的论著中,Halliday 及其合作者都明确指出,从语言系统角度看,语域就是随着情景变化的系统资源的可能配置(Halliday & Matthiessen 1999)。

从上述语域的定义来看,语域不仅仅是言语活动场景的构成要素,而且是作为情景语境的社会语义系统。社会语义系统的三大意义范畴(概念意义、人际意义、语篇意义)分别由三个情景要素(语场、语旨、语式)激活:社会活动类型决定话语意义内容,参与者之间的关系决定人际意义范围,修辞渠道决定语篇意义范围。

语类是与语域相关联的概念。Halliday(1978)注意到曾有学者用 register 指语篇类型。Halliday et al.(1964)将语域视为语言的功能变体。Thompson(1996)把 genre 定义为语域和交际目的的整合。Hasan(1978)视 genre 为话语类型,探究情景因素对语类结构潜势(generic structural potential)的影响。在她看来,语场、语旨、语式都影响语篇结构潜势。一定的社会活动,例如购物,就会产生一定结构类型的语篇。如此看来,语域决定语类(Butler 2003)。

语域与语类到底是什么关系?如何认识二者之间的关系在系统功能语言学阵营内部尚未形成共识。一种观点认为语域和语类各成系统。另一种观点认为语域是情景语境下的系统潜势,语类是情景语境下的实例类型。分别评述如下:

持前一种观点的是 Martin(1985;1992/2004)。他借鉴 Hjelmslev 的内涵符号学思想(Hjelmslev 1961)。"有必要考量另外两个系统,即语域和语类。这两个系统就是 Hjelmslev 所称的内涵符号。"(Martin 1985:46,笔者译)在 Martin 看来,语类是通过语言进行的社会活动类型,例如诗歌、小说、演讲、菜谱、手册、新闻报道等等。他将语类视为语义层面,将语域视为表达层面。他认为语域与情景语境关联,语类与文化语境关联,语类影响语域(Martin 1992/2004)。

持后一种观点的是 Hasan(1978;1998),Halliday(2014),Matthiessen(2006)和 Matthiessen & Halliday(2009)。Hasan 认为,在系统功能语言学范式内,语域和语类是同义词。"[……]register and genre are synonymous."(Hasan 1978:263),她探究的是语类与语篇结构之间的关系,基本假设是:与语篇的类别——话语类型——相关联的是概括出来的结构公式,这种公式可以解释语篇实际结构的排列。每一个完整的语篇的结构都是这种结构排列的具体体现。她认为,语篇的结构排列受情景语境的影响。语域的三个变量构成了语境建构体(contextual construct)。在语篇实例中,三个变量的特征值构成语境配置(contextual configuration)。在 Hasan 的模式中,语域影响语类结构。她认为情景语境例示文化,正如语篇例示语言(Hasan 1998)。

后一种观点在 Halliday & Matthiessen 的实例化模式中有更明确的标示(见第 34 页图 1)。Matthiessen(2006)、Matthiessen & Halliday(2009)、Halliday(2014)都将语域和语类置于实例化连续统的中间。从系统端来看,语域是语言的功能变体;从实例端来看,语类是语篇类型。这一观点是这样表述的:

> 系统和语篇构成连续统的两端,分别为潜势和实例。处于中间的是组合模式。组合模式可以从系统端来看,视为亚系统;或者从实例端来看,视为实例类型。如果从实例端着眼,我们可以分析一个语篇,然后依据一定标准寻找与其相近的其他语篇。当我们分析语篇样本时,我们识别同类语篇所共有的组合模式,用语类术语来描写。识别语类的过程就是从实例端向系统端移动的过程。我们分析语篇时所使用的标准可以涉及语言各个层面,只要它们是系统的和明晰的。然而,研究结果表明语篇随着情景价值而变异,语篇与其发生的情景性质吻合。所以说,我们生活中的语篇如菜谱、天气预报、股票信息、租赁合同、电子邮件、就职演说、熟食店的买卖、新闻简讯、媒体采访、辅导课、导游手册、茶歇闲聊、广告、寝前故事等等都是不同情景的语言使用。从连续统的系统端来看,这些都可视为语域。语域是语言的功能变体[……],是与特定类型情景语境相关联的语言系统实例化的组合模式。(Halliday 2014:28-29,笔者译)

这是对语域和语类关系的最明确、最合理的解释。这一解释与系统功能语言学的语言-语篇并协论相辅相成,并行不悖。Martin 的观点显然与系统功能语言学的整体范式不一致。第一,将语域和语类视为并行系统则有悖于语言-语篇并协论。第二,将语域视为与情景语境关联而语类与文化语境关联缺乏事实依据,事实上语域和语类都与两种语境相关。基于这样的判断,本书采用后一种观点,认为语域与语类之间存在并协关系。

3.5 结　语

本章述评了系统功能语言学研究范式。语言-语篇并协论集中表述了适用语言学目标下系统功能语言学的语言观,是后 Saussure 语言学整体语言观的最明确表述。系统与实例相互参照的研究方法论具有科学性和可操作性。建构主义范畴观是系统功能语言学的范畴化理论,在采纳经验现实主义认知观的同时强调意义的主体间性,强调经验识解的符号性和社会性。意义衍进论是系统功能语言学独到的语义理论,然而种系进化、个体发展、语篇发生三个时间维度不足以全面解释意义衍进过程,还应从种族演进视角来解释意义衍进,这样才能与实例化理论以及系统功能语言学的一贯主张相一致。系统功能语言学的语境论由来已久,影响远大。

Halliday 等创立的语域理论随着研究进展又有新的阐释。一个尚未厘清的问题是如何认识语域与语类的关系。经比较分析,本书认为基于实例化理论来将语域与语类视为不同视角的同一现象是最合理的解释。语域是一类情境下的亚潜势,语类是一类情境下的实例类型,二者都直接与情景语境类型相关。上述四个理论构成系统功能语言学研究范式的核心内容,是本书以下各章内容的理论基础。

第四章

语法隐喻定义和分类

第二章小结指出,语法隐喻尚无明确定义导致这一范畴的界定不清、语法隐喻与词汇隐喻的关系不明。本章尝试定义语法隐喻,再议语法隐喻的分类,为以下各章奠定基础。

4.1 定义的定义

定义是"对于一种事物的本质特征或一个概念的内涵和外延的确切而简要的说明"(《现代汉语词典(第7版)》)。英语中 definition 一词源于拉丁语词 definire,意为界定。下定义就是界定一个范畴。

不同体裁的定义类型不同。《西方哲学英汉对照词典》将定义分为五种:1)词典定义——明确说明词的意义;2)操作定义——明确作者用某个术语指什么;3)功能定义——通过指出其功能来定义对象;4)外延定义——通过列举指称对象来定义概念;5)内涵定义——通过指出外延共有的特征来定义概念。

用一句话或一个短语概括一个事物的内涵和外延并非

易事。复杂事物的内涵、外延丰富,定义这样的事物就须抓住本质特征,往往需要采用内涵定义和功能定义结合的定义方法。以《现代汉语词典(第7版)》对语言的定义为例:"人类特有的用来表达意思、交流思想的工具,是一种特殊的社会现象,由语音、词汇和语法构成一定的系统。"这个定义既概括了语言的性质又明确指出了语言的功能,是内涵定义与功能定义相结合的成功范例。我们将借鉴这种定义复杂事物的方法来尝试定义语法隐喻。

4.2 语法隐喻的定义

隐喻是什么?不同学科的回答不同,隐喻的定义则不同。修辞学说隐喻是一种修辞格,是修饰话语的手段。认知语言学说隐喻是认知事物的基本方式。语言哲学认为,"隐喻就是借用在语言层面上成形的经验对未成形的经验作系统描述。"(陈嘉映 2003:378)这也是内涵和功能相结合的定义。

语法隐喻是什么?语法隐喻是跨越语法范畴的经验再识解表达方式。这个定义对语法隐喻现象的核心内涵和外延做出明确界定,说明如下:

第一,语法隐喻是语用现象,发生于述谓过程。述谓过程是形成命题来识解经验的过程。如果从系统功能语言学的系统-语篇并协论来看,语法隐喻是实例化过程的产物。语言系统作为意义潜势为语篇生成提供资源。词典是词汇系统描写的结果,"词典中没有隐喻,隐喻只在语言的使用中出现"(束定芳 2000:34)。语言的使用单位是语篇,语篇在特定情景语境下生成以实现交际目的。语篇意义体现于词汇-语法。表达方式包括词汇、语法,自然包括词汇隐喻和语法隐喻。语篇意义的组织体现在修辞、指称、主题、焦点等多个层面。隐喻在这些层面的信息组织中常常发挥不可替代的作用,因为隐喻表达方式迅捷、简练、生动。

第二,语法隐喻也是认知现象,是言者/作者对经验的再识解。个体语言发展的过程就是通过语言识解经验的过程。"识解"的意思是用符号构建。人的经验通过词汇-语法转化为意义。我们的经验世界充满着物和事。物即实体,具有稳定性,在词汇系统中识解为名词。事具有瞬时性,词汇系统中识解为动词。一个小句识解一个事件,包括"什么/谁"和"怎么"。"中华文明率先发展了农业"中的"发展"是动词,表达过程。"发展才是硬道理"中的"发展"则不再是动词,而是名词化,既表示过程又是抽象的"物"。"科学发展""绿色发展""协调发展"等都是再识解性表达方式。名词化表达式同时具有"物"和"事"的意义。经验的再识解体现高级意识。高级意识就是符号意识,言者/作者利用词汇-语法系统资源来准确、精炼地表达意义。语法隐喻作为经验再识解表达方式多发生于正式文体,尤其是科技、新闻、政治、法律、商务等领域的语篇。

第三,语法隐喻是跨越语法范畴的表达方式。"跨越语法范畴"指隐喻的两个领域都属于语法范畴。胡壮麟(1996)分析了古典时期的语法隐喻,认为那个时期的语法隐喻可表述为"现实世界→语法术语",而中世纪的语法隐喻可描写为"语法形式→现实世界"。但是,在介绍系统功能语言学的语法隐喻理论部分时,他强调:"关键的是隐喻中的两个领域都与语法形式有关,可描写为'语法形式 a→语法形式 b'。"(胡壮麟 1996:4)强调语法隐喻是跨越语法范畴的表达方式符合系统功能语言学对语法隐喻的解释(见 Halliday & Matthiessen 1999),也便于界定语法隐喻和词汇隐喻(见第五章)。

4.3 语法隐喻分类问题再议

2.3.2.2 节概述了语法隐喻分类的分歧。Halliday 的《功能语法导论》(一、二、三、四版)都将语法隐喻分为两类,即概念语法隐喻和人际语法隐喻。Martin(1992/2004)将语法隐喻分为概念语法隐喻、人际语法隐喻和语篇语法隐喻。胡壮麟(2000:90)注意到这一分歧,认为"韩礼德对语篇隐喻一直持某种程度的保留"。张德禄、雷茜(2013:4)也认为语法隐喻论述中有些概念本身还模糊不清,"Halliday 本人对语篇语法隐喻没有提及,对于在概念隐喻和人际隐喻之外,是否需要增加语篇隐喻[……],没有任何论述,我国学者也没有给出有效的解释或者确切的建议"。这的确是系统功能语言学研究者无法回避的问题。本节首先讨论有没有语篇语法隐喻问题,然后提出进一步完善该分类模式的建议。

4.3.1 语篇语法隐喻异议

为什么 Halliday 没有提语篇语法隐喻？从其著述中可以发现两个理由。第一，语篇功能是语义系统内在的功能，而概念功能和人际功能才是识解经验的功能。Halliday(1978)明确指出他是从"外在视角"定义语言功能(extrinsic definition)。传统语法中的功能是指结构成分在结构系统中的配置。系统功能语言学首先着眼于语言的外在功能，即概念功能和人际功能，同时也不忽略语言的内在功能，即语篇功能。"我需要加上第三个功能，即语篇功能[……]，因为它内在于语言。它是语言所具有的创造语篇、联系语境(情景和上下文)的功能。"(Halliday 1978: 48, 笔者译)这一观点在 Halliday(1977/2015: 27)中也有阐述。"从语言系统的功能与由语言系统来体现的上位意义之间的关联(即从上面)来区分，语篇功能有别于其他两个元功能，因为语篇成分致使其他功能实现：语言能够创造语篇，因此才能有效地表达概念意义和人际意义。"(笔者译)

系统功能语言学概括的概念功能和人际功能大体对应认知语言学概括的象征功能(symbolic function)和互动功能(interactive function) (Evans & Green 2006)。系统功能语言学和认知语言学都认同的这两大功能分别解释了语言符号系统在人与自然、人与人之间的媒介作用。人通过语言将经验世界识解为概念意义和人际意义。如此看来，语篇功能服务于经验识解。语篇功能不同于概念功能和人际功能的地方就在于它是语言系统内在的功能，不是经验的直接识解。如果语法隐喻是跨越语法范畴的经验再识解表达式，而语篇功能不与经验识解直接相关，那么就不可能存在语篇语法隐喻。

第二，语篇功能仅仅部分体现于语法结构，概念语法隐喻和人际语法隐喻本身具有语篇效应。这在 Halliday(1977/2015; 2004; 2014)中有论述。Halliday(1977/2015)首先从不同视角分析了语义系统内的功能，然后讨论了体现三大元功能的资源。概念功能中的逻辑功能体现于小句复合体。概念功能中的经验功能体现于小句的及物系统。人际功能体现于小句的语气系统和情态系统。经验功能和人际功能的体现资源都是结构的，都体现于小句层的系统资源。语篇功能只部分体现于小句的信息结构系统，即主位系统。此外，语篇功能体现于非结构性资源，包括照应、替代、连接词、词汇衔接。非结构性资源处于语法范畴边缘，不直接表达概念意义和人际意义,仅服务于语篇内的信息组织。既然非结构性资源不属于典型语法范畴,自然与语法隐喻关联度不高。

可以体现语篇功能的结构资源是主位系统。小句中的主位分为无标记主位和有标记主位。无标记主位是小句的主语,由名词词组体现。有标记主位不是小句的主语,可以由名词词组之外的其他资源来体现。主位是小句的信息起点。名词化表达式常常用来做小句的主位。这是概念语法隐喻发挥语篇功能,而不是语篇语法隐喻。Halliday(2004;2014)认为概念语法隐喻同时具有语篇效应(textual effects)。"一个言辞列隐喻性地体现于一个小句不仅意味着它被映射到小句内的过程模式,它同时也落入小句的主位+述位的信息结构以及旧+新的信息单位[……]。这样,概念语法隐喻就兼有语篇功能[……]。在一些情况下,这可能是使用概念语法隐喻的主要动因。"(Halliday 2014:715-716,笔者译)至此,我们可以理解为什么Halliday一直没有提语篇语法隐喻了。

4.3.2 语法隐喻分类依据

上一小节说到,Halliday《功能语法导论》的四个版本都将语法隐喻分为概念语法隐喻和人际语法隐喻。这种分类模式显然依据的是元功能,而且是语言的经验识解功能。Halliday(1998b/2004)提出语法隐喻综合征现象,认为一致式到隐喻式表达可能会经历多次转换,在此基础上区分了13种语法隐喻。

严世清(2003:53)认为新的分类"无疑大大地拓宽了语法隐喻概念的外延,使得该理论能够说明更多的语言现象"。严世清(2003:53-54)还认为"韩礼德试图对原有的语法隐喻理论作根本性的革新:摈弃'人际隐喻'的提法,将所有'级转移'(rank shift)现象都归入'语法隐喻'这个概念一并予以考察,而不再与语言的概念、人际和语篇三大纯理功能相对应"。然而,仔细阅读Halliday(2004)和Halliday(2014),我们发现概念语法隐喻和人际语法隐喻仍构成语法隐喻分类的基本模式。Halliday(1996)中的语法隐喻类型在Halliday & Matthiessen(1999)中明确表述为言辞成分的语法隐喻类型。这说明,Halliday并没有脱离系统功能语法的元功能理论体系来分类语法隐喻。

胡壮麟(2000)分析了Halliday(1996)的语法隐喻新模式,认为"语法隐喻的韩礼德模式实际上就是系统功能语言学的模式,它突出的是功能的思想,即语法隐喻主要表现在及物性的过程和功能成分的相互隐喻化,最后才见于词汇语法层的体现转换,前者是主要的,起决定作用的"(胡壮麟 2000:89)。他认为 Halliday 的语法隐喻新模式提出了层次概念。系统功能语言学认为语言包括语义层、词汇语法层、音系层。语义体现于词汇语法,表达模式可以是一致式或隐喻式。隐喻式涉及级转移和/或类转移。

基于以上回顾和讨论,我们可以明确地说,语法隐喻分类依据是语言的两大经验识解元功能和语义层在词汇语法层的体现方式转换。

4.3.3 语法隐喻分类

根据语法隐喻定义和语法隐喻分类依据,本书对 Halliday 的语法隐喻分类基本模式做适当补充。首先,语法隐喻分为概念语法隐喻和人际语法隐喻。其次,人际语法隐喻分为语气转化和情态转化,概念语法隐喻分为及物性转化和类/级转移两种类型(见图 2)。

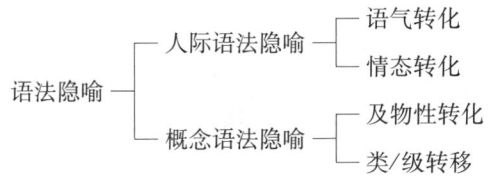

图 2　语法隐喻分类

[1b]是人际语法隐喻的语气转换例证,[1a]是疑问语气,[1b]是陈述语气。[2a]和[2b]是人际语法隐喻的情态转换,前者的情态取向为客观隐性的,后者为主观显性的。[3b]是及物性转移型概念语法隐喻,[3a]中的物质过程在[3b]中转为心智过程。[4a]是言辞序列,语法体现形式是小句群,[4b]转换为小句,发生了级转移。[4a]中的小句 She neglected one of the regulations 转化为[4b]中的名词词组 Her negligence of one of the regulations, She failed 转换为 failure。[4b]是既有转级又有转类的概念语法隐喻。有些概念语法隐喻只涉及类转换,例如[5]中的 carpeted。

[1a] What will happen next?
[1b] I wonder what will happen next.

［2a］ The new president is likely to change the foreign policy.
［2b］ I think the new president will change the foreign policy.
［3a］ They reached the source of the river on the seventh day.
［3b］ The seventh day found them at the source of the river.
［4a］ She neglected one of the regulations, so she failed.
［4b］ Her negligence of one of the regulations resulted in failure.
［5］ All the rooms are carpeted.

本书的语法隐喻分类基于 Halliday 的语法隐喻分类模式,但是在两个方面做了补充。首先,类转换是双向的,过程可以转换为实体,实体也可转换为过程。其次,对于概念语法隐喻做了进一步概括,以及物性转化和类/级转移为要素将概念语法隐喻概括为两种类型。这样概括的优点是突出语法隐喻的内涵,即跨越语法范畴的表达方式,同时也可以避免详而不尽的弊端。Halliday(1996)和 Halliday & Matthiessen(1999)的言辞成分层面的概念语法隐喻划分详细,但不够充分,因为没有包括"实体→过程"的转换。

4.4 结　语

本章基于对定义的本质和类型的认识提出了本书的语法隐喻操作定义。语法隐喻的核心内涵是跨越语法范畴的表达方式。本章依据这一认识讨论了语法隐喻分类的争议问题,明确指出语法隐喻二分说的理由,在赞同人际语法隐喻和概念语法隐喻分类基本模式的同时,对二者的进一步划分做了调整,将人际语法隐喻分为语气转换和情态转换,概念语法隐喻分为及物性转换和类/级转移两种类型。本书以下各章将以此分类模式展开英汉语篇中语法隐喻的识别和分析。

第五章

语法隐喻与词汇隐喻

在第二章小结中提到,语法隐喻没有明确定义,导致语法隐喻与词汇隐喻的关系没有统一认识。基于第三章和第四章的论述,我们可以讨论语法隐喻与词汇隐喻的区别和联系。本章从语义范畴、语法范畴、认知功能三个视角来分析两种隐喻的关系。

5.1 词汇隐喻与语法隐喻的关系

2.3.2.3 节简略叙述了关于词汇隐喻和语法隐喻关系的不同观点。一种观点认为两者没有区别,另一种观点认为两者属于同一现象,但是仍有差异。两者之间的主要差异在于精密阶。语法隐喻涉及跨域重新识解,这两个领域都很笼统。词汇隐喻也涉及跨域识解,但是两个领域在语义系统中相对更精密。词汇隐喻与语法隐喻的关系有待明确阐释。

讨论两种隐喻的关系不能不涉及词汇与语法的关系。系统功能语言学将语言视为包括三个层级的意义潜势系统,词汇语法是体现意义系统的潜势系统。

语言是一个包括三个层级的系统：语义、语法、音位（语法指词汇语法，包括词汇）。持有这一观点的是布拉格学派的 Hjelmslev，伦敦学派的 Firth 以及 Lamb，甚至从某种程度上说还有 Pike。因此，有一点非常重要，就是这三个系统中的每一个都是一个潜势系统，都由一系列的选择组成。比如语法系统（词汇语法系统），这是一个有关说话者"能说"什么的系统。[……]说话者能说什么，即作为整体的词汇语法系统，用来实现语义系统。而语义系统是指说话者"能表达何义"，也就是我们所说的"意义潜势"。我认为，语言本质上是一种意义潜势系统。（Halliday 2015：40，笔者译）

在系统功能语言学范式内，词汇和语法属于同一层级，构成连续统。Hasan（2015）以九个英语动词为例论证词汇是精密的语法，认为词汇与语法的关系不是砖头和砂浆的关系。从系统端来看，词汇与语法都属于同一层级的资源。

上文我们说到，隐喻属于语言使用现象，因此讨论语法隐喻与词汇隐喻的关系应从实例端入手来观察分析两种隐喻的体现。即使将词汇和语法视为同一层级的连续统，词汇隐喻和语法隐喻的体现方式也不尽相同。

5.2　词汇隐喻与语法隐喻的体现方式

系统功能语言学认为语法隐喻和词汇隐喻都拓展了语义系统资源，都属于跨越范畴的意义表达方式，区别在于精密阶。这是从语言作为系统的视角观察分析隐喻得出的结论。现在我们从实例端来观察分析两种隐喻，即从两种隐喻的体现方式入手来分析它们的区别。

5.2.1　词汇隐喻的体现方式

我们先看一看词汇隐喻的定义：

Metaphor is a device for seeing something in terms of something else.(Burke 1945:503)

(隐喻是以其他事物认识某事物的方式。)

Metaphor is the cognitive mechanism whereby one experiential domain is partially "mapped", i.e. projected, onto a different experiential domain, so that the second domain is partially understood in terms of the first one.(Barcelona 2000:3)

(隐喻是通过一个经验域部分映射到另一个经验域来理解对象的认知机制。)

夫说者固以其所知,谕其所不知而使之知之。(《说苑·善说》)

隐喻就是借用在语言层面上成形的经验对未成形的经验作系统描述。(陈嘉映 2003:378)

A metaphor occurs when a unit of discourse is used to refer to an object, concept, process, quality, relationship or world to which it does not conventionally refer, or colligates with a unit(s) with which it does not conventionally colligate.(Goatly 1997)

(隐喻发生于话语单位用来指其通常所不指的物体、概念、过程、属性、关系或世界时,或发生于话语单位搭配了其通常不搭配的话语单位时。)

这些定义尽管出自不同历史时期、不同国度、不同学科,但其中的一个基本共识是:词汇隐喻涉及两个语义域,一个是熟知的经验域,另一个是要认知的经验域。

现在我们来观察分析词汇隐喻的一些实例:

[1] An encyclopedia is a goldmine.
[2] 山下的女人是老虎。
[3] 反腐败必须"老虎""苍蝇"一起打。

以上三例中的隐喻分为两种情况：一种情况是隐喻体现于小句，另一种情况是隐喻体现于词或词组。最流行的观点认为用"是"字带出的比喻是隐喻，用"像"字带出的比喻是明喻（陈嘉映 2003）。隐喻的公式为："S 是 P"意味着"S 是 R"。[1]和[2]属于典型的词汇隐喻。在系统功能语言学范式内，这样的句式属于归属类关系过程，S 是载体，被赋予某种属性。句中的 goldmine 和"老虎"表达属性。这与上引第二条定义是一致的，即部分理解认知对象。在这两个隐喻中，goldmine 和"老虎"的部分属性凸显，用来描述认知对象。这样的隐喻除了采用了"S 是 P"句式外，没有涉及语法范畴的转变，只涉及语义范畴的跨越。S 和 P 一定属于两个不同的语义范畴。所以，这样的词汇隐喻是跨越语义范畴的隐喻。

[3]中的词汇隐喻也跨越了语义范畴，不过不限于某种句子结构，而是体现于词或词组层面。"老虎""苍蝇"都是词汇隐喻，通过上下文可以知道它们在话语中的指称对象属于另一个经验域。在话语中这些事物的部分属性凸显，用来描述认知对象。这样的隐喻不涉及任何语法范畴的变化，只涉及语场的转换。有些复合词隐喻可能涉及功能转移，例如"峰会"。这个词汇隐喻已经成为"死隐喻"，不过词中的"峰"具有描述意义，这个复合词属于偏正组合。汉语和英语中都有很多这样结构的复合词，是词汇隐喻，例如一些非基本颜色词——孔雀蓝、葱芯绿、夜莺黑、玫瑰红、olive green、apricot yellow、coal black 等等，这些词都属于偏正组合，核心词素是基本颜色词，加上动物、植物、矿物的名称构成基本颜色的次范畴。这些词都和"峰会"一样涉及功能转移。名词的最主要功能是做主语或宾语，用作修饰语则属于功能转移。

综上所述，词汇隐喻体现于"S 是 P"句式或词、词组层面，唯一涉及的语法范畴转化是复合词中的功能转移。词汇隐喻都涉及两个语义范畴，在话语中识别词汇隐喻的主要语境因素是语场的转换。

5.2.2 语法隐喻的体现方式

语法隐喻作为跨越语法范畴的经验再识解表达方式，其体现方式有别于词汇隐喻的体现方式。语法隐喻涉及级转移或/和类转换。类转换不只限于词类转换，还包括语气类型、情态类型和及物性类型的转换。

[4a] Is the book available in the library?
[4b] I wonder if the book is available in the library.
[5a] Susan probably knows the health check result.
[5b] I think Susan knows the health check result.
[6a] They arrived at the source of the river on the ninth day.
[6b] The ninth day saw them at the source of the river.
[7a] Because they frequently dismiss personnel, people are not confident in them.
[7b] Their frequent dismissal of personnel does not inspire people's confidence.(Halliday & Matthiessen 1999: 262)
[8] "随着经济建设的高潮的到来,不可避免地将要出现一个文化建设的高潮。"(中共中央文献研究室 2009: 4)

[4a]和[4b]之间发生了语气类型转换,前者是疑问语气,后者是陈述语气。[5a]和[5b]之间发生了情态类型转换,前者是主观隐性情态,后者是主观显性情态。[6a]和[6b]之间发生了及物类型转换,前者是物质过程,后者是心智过程。[7a]和[7b]之间发生了级转移,小句群转为小句,同时发生了类转换,动词 dismiss 转为名词 dismissal,形容词 confident 转为名词 confidence。[8]中的"建设"和"到来"转换为名词。由此可见,语法隐喻的体现离不开语法范畴的跨越。

5.3 词汇隐喻与语法隐喻的主要语义特征

词汇隐喻和语法隐喻都发生在语篇层面。先前关于词汇隐喻的研究多以词、句为观察单位(例如 Lakoff & Johnson 1980)来分析隐喻的语义特征。本书将词汇隐喻和语法隐喻都视为语言使用现象,从语篇意义发生视角来讨论两种隐喻的主要语义特征。

5.3.1 词汇隐喻的主要语义特征

词汇隐喻具有诸多语义特征，束定芳(2000)概括了12种特征。从语篇意义发生的视角来看词汇隐喻的语义特征，以下三种是最主要的特征。

第一是**象征性**。语篇分析结果显示，语篇中最重要的逻辑语义关系是象征关系、因果关系、时空关系。词汇隐喻中的两个语义域一定存在某种程度的相似。言者/作者利用这种相似性来进行类比推理，构建语篇的连贯。魏征《谏太宗十思疏》的开篇就是典型的例证，其中的类比推理建立在社会世界内的关系与物质世界内的关系的相似性。

[9] 求木之长者,必固其根本;欲流之远者,必浚其泉源;思国之安者,必积其德义。(阴法鲁 1982: 551)

第二是**创造性**。词汇隐喻两个语义域之间的相似性不是先于经验而存在的，它是经验识解的产物。换言之，这种相似性是言者/作者在认识事物、描述事物的过程中建立起来的，是创造性思维的结果。最常见的典型例证是诗歌中的隐喻，我国宋代思想家朱熹诗作《读书》的前四行就是典型范例：

[10] 半亩方塘一鉴开,
　　天光云影共徘徊。
　　问渠哪得清如许,
　　为有源头活水来。

此诗的话题是读书，然而诗文中只字未提书。前两行描述了水塘及其反映的大千世界，后两行点出了水与源的关系。作者用这四行诗中自然界的两类关系来类比了书与世界、知识与知识来源的关系，令读者叹服，引发读者思考。此诗反映了朱熹"理在物实在心"的认识论观点。读书与景物之间的相似性完全是作者在治学过程中的感悟，是经验的结晶。词汇隐喻中源域与靶域之间的相似性是经验识解的产物，新词汇隐喻的意义具有创造性。

第三是**具象性**。词汇隐喻的源域一定是相对熟悉的、具体的事物,靶域则是相对生疏的、抽象的事物。"马力"用来表达力的单位就是一个例证。墨子说:"辟也者,举他物而以明之也。"(《墨子·小取》)"他物"即喻体。胡壮麟(2004:210)指出:"古代学者对喻体的选取是非常实际的,上天下地,身边诸物,均可入选。"比较喻体和本体的语义,前者的语义总是相对具体的,所以说具象性是词汇隐喻的主要语义特征之一,而语法隐喻却不具有这一语义特征。

5.3.2 语法隐喻的主要语义特征

2.3.1.4 节和 2.3.2.1 节提到了系统功能语言学对语法隐喻的语义探究,但是先前的研究尚未对语法隐喻的语义特征做出概括。与词汇隐喻相比较,语法隐喻具有哪些主要语义特征还没有明确阐释。笔者认为尽管两种隐喻都属于跨范畴现象,但是由于语法隐喻是跨越语法范畴的经验再识解表达方式,其主要语义特征不同于词汇隐喻的主要语义特征。语法隐喻的主要语义特征是相关性、客观性、融合性。

相关性是指语法隐喻的意义与一致式表达方式的意义相关联。Halliday(1998a:190)认为词汇隐喻是"同样的能指,不同的所指",而语法隐喻是"同样的所指,不同的能指"。由此,隐喻式表达与一致式表达意义相等这一观点遭到质疑。Ravelli(1988)把一致式对应的意义称为"既定意义",隐喻式对应的意义称作"既定意义+其他意义"。Derewianka(2003)认为一致式表达的是意义简单体,隐喻式表达的是意义复合体。何伟(2008)论证了语法隐喻既是形式变体又是意义变体的观点。笔者及合作者认为隐喻式和一致式表达的命题意义相近,但各自的表述意义相异。隐喻式的表述意义与一致式的表述意义相关,具有转喻性邻近关系(林正军、杨忠 2010)。下面两句的命题意义基本相同,但是表述意义有别。[11b]中的 look 是名词化表达式,虽然仍有过程含义,但是这个过程附加了"有界"含义(Langacker 2004)。[11a]中的 look at 只表达过程。名词化表达式具有更大的拓展空间,take a look 可以加形容词变成 take a good look、take a careful look、take a serious look、take a long look、take a quick look 等。由此可见,语法隐喻表达式的表述意义与一致式的表述意义相关联但是不相同。

[11a] John will look at it.
[11b] John will take a look at it.

客观性是指言者/作者在语篇建构过程中用语法隐喻表达方式使所表述的意义更中立、更客观。Halliday & Matthiessen(1999)指出,语法隐喻的基本动因是向"物"转移,因为"物"比属性更易分类,属性比过程更易分类。在小句中"物"体现于名词词组,名词词组在小句中是过程的参与者。名词词组具有巨大的拓展空间,可以对指称对象进行识别、分类、量化、修饰等。名词化表达式作为最典型的语法隐喻显然具有客观性。[12]是美国一家烟草公司的广告开头:

[12] Don't smoke. For one thing, smoking has always been an adult custom. And even for adults, smoking has become very controversial.

其中第一句用动词 smoke,后两句主语都用名词化表达式 smoking。后两句都是归属性关系过程,指出吸烟是成年人的习俗,吸烟是有争议的。smoking 兼有过程和"物"的意义,成为后两句的话题,其客观性显而易见。

情态语法隐喻常被用来使所表达的观点更客观。上引广告的措辞被语篇分析家认为是别有用心的,因为将吸烟视为成年人的习俗而且是有争议的习俗,很可能反倒引发未成年人的兴趣。[13]是语篇分析者的判断:

[13] It is much more likely that highlighting the conventional presupposition that smoking is the privilege of "adults" will give the average young person a motive to participate in that privilege. And that smoking has become "controversial" will make it only more interesting to the young. (van Eemeren 2010: 21)

其中的 It is much more likely 是典型的显性客观情态,表达了语篇分析者对这一广告负面效应的尖锐批评,但是在措辞方式上显得颇客观、中立。

融合性是指语法隐喻表达的意义是意义复合体。Halliday & Matthiessen(1999)指出,语法隐喻的跨越范畴过程会产生臆想的"物"。名词化表达式的意义是两个语义范畴的融合(fusion or junction)。例如,development

的词义就是融合性的,表达的是"过程"和"物"的双重含义。在汉语中,"发展"同样具有双重含义。语义融合性使得名词化表达式的意义比普通名词的意义更抽象。语法隐喻的这一语义特征与词汇隐喻的具象性语义特征形成鲜明对照。

5.4 词汇隐喻与语法隐喻的功能

词汇隐喻和语法隐喻都属于语用现象,都频频出现在语篇中。Lakoff & Johnson(1980)论述了词汇隐喻的认知功能,但没有涉及语法隐喻。系统功能语言学分析语法隐喻功能,但没有论及词汇隐喻的功能。在语篇中观察两种隐喻的功能可以更好地揭示两种隐喻的区别。

5.4.1 词汇隐喻的功能

从系统功能语言学的元功能视角来看词汇隐喻在语篇中的作用,我们可以将词汇隐喻的主要功能概括为概念功能、解释功能、推理功能。

词汇隐喻的**概念功能**表现在隐喻可以填补词项空缺。有些表达时间的词语就是隐喻表达,"前天""后天"就是借助空间概念来表达时间的实例。Goatly(1997)以 light-year(光年)、mouse(鼠标)为例说明词汇隐喻是构词方式之一。"泡沫经济""瓶颈现象"都属于隐喻造词的实例。太极拳中有些动作的名称就是隐喻,例如"白鹤亮翅"。象征性、创造性、具象性语义特征使得词汇隐喻成为某些现象的最佳语言表征。然而,遗憾的是这种造词方式还没有列入词汇学教材。

解释功能是词汇隐喻在交际过程中发挥的人际功能。言者/作者通过使用隐喻来解释复杂的现象,这在科技文体中屡见不鲜。例如,在中学物理课堂上,老师会借助"水在管道内的流动"现象讲解电压、电阻、电流的概念。环境科学家说"湿地是地球的肺",就是用隐喻来解释湿地的功能。

推理功能是指词汇隐喻可用来进行类比推理。《国语·晏子春秋》(第60页)中有一段精彩有趣的类比推理故事:

[14] 晏子将至楚,楚闻之,谓左右曰:"晏婴,齐之习辞者也,今方来,吾欲辱之,何以也?"左右对曰:"为其来也,臣请缚一人,过王而行,王曰:'何为者也?'对曰:'齐人也。'王曰:'何坐?'曰:'坐盗。'"晏子至,楚王赐晏子酒,酒酣,吏二缚一人诣王,王曰:"缚者曷为者也?"对曰:"齐人也,坐盗。"王视晏子曰:"齐人固善盗乎?"晏子避席对曰:"婴闻之,橘生淮南则为橘,生于淮北则为枳,叶徒相似,其实味不同。所以然者何?水土异也。今民生长于齐不盗,入楚则盗,得无楚之水土使民善盗耶?"王笑曰:"圣人非所与熙也,寡人反取病焉。"(齐豫生、郭镇海 1999:60)

晏子巧妙地利用橘与枳的差异及其与环境的关系来说理,令对方心服口服。类比推理不同于演绎推理,前者是通过语义范畴之间的横向比较来讲理,后者是通过建立语义范畴内的关系来说理。在日常生活中,类比推理比演绎推理更常用。

5.4.2 语法隐喻的功能

语法隐喻作为跨越语法范畴的经验再识解表达方式,在语篇意义发生过程中发挥独特的功能。Melrose(2003)论述了名词化在语篇意义构建中的凝聚功能。朱永生、严世清(2011)将名词化的语篇功能概括为分类、凝聚、指称、扩充、逻辑推导、语篇优化等具体功能。这两项研究成果没有涉及人际语法隐喻的功能。综合考虑两类语法隐喻的功能,本书将语法隐喻的功能概括为**重塑功能**、**评价功能**、**连贯功能**。

重塑功能是指在语篇意义生成过程中语法隐喻发挥的意义构建作用。任何一个语篇都是在特定情景语境下建构的,受语场、语旨、语式的制约。语篇意义生成过程是一个连续选择的过程。每一个小句的构成也都需要选择,言者/作者要选择过程类型、参与者、语气结构、情态类型等等。小句的信息起点是主位。主位可以是主语,也可以不是。主语可以用名词,也可以用可替换名词的其他表达式。如果用名词,那么该小句的信息起点就利用了该语言词汇系统已有的资源。如果根据上下文选择了名词化表达式,那么这个信息起点就是说话人或作者重塑的意义单位。这个名词化表达式的指称对象不是预先客观存在的,而是在线建构的。[15]就是主观建构的主位,[16]中的主位则是选择的主位,因为 neurons 的指称对象是客观的"在",而 complexity 是主观判断的"在"。

[15] The complexity of neural organization...
[16] Neurons are organized in a complex way.

重塑功能还突出体现在及物系统的选择上。不同的过程表达不同的核心意义。同一个事件或现象可以在小句中识解为不同过程。[17]是物质过程,[18]是心理过程。哪一个出现在语篇中取决于言者/作者考量情景因素后的选择。

[17] I ended my shift at dawn.
[18] Dawn found me at the end of my shift.

评价功能是通过转级、转类、扩充来表达言者/作者见解的功能。名词化表达式作为小句的主位就成为评价的对象,述位则是言者/作者的评价。[19]中的 interaction 就是评价的对象,of interest 就是评价。[20]中第二句的"普通市内电话网拨号接入"是评价对象,"能享受到 Internet 上面的全面服务","费用低,简单易行,方式灵活","普通的接入方式","很适合通讯量不大的个人家庭用户和商业用户"都是评价性表述。Halliday & Matthiessen(1999)指出,将过程名词化就开辟了描述和评价的空间,将过程视为事物就可以分类,就可以谈论其属性和数量。

[19] Nonnative speaker and native speaker *interaction* is of interest for theoretical and applied linguistic research into the nature of (mis)-communication.
[20] **上网方式**很多,如通过专线接入、分组交互网接入、普通市内电话网拨号接入、ISDN 接入等等。**普通市内电话网拨号接入**能享受到 Internet 上面的全面服务,费用低,简单易行,方式灵活,是普通的接入方式,很适合通讯量不大的个人家庭用户和商业用户。(朱永生、严世清 2011:43)

连贯功能是语法隐喻在语篇意义建构中发挥的信息组织功能。连贯是语篇性质(texture)的重要方面。语篇连贯意味着语篇的部分之间逻辑语义关系通顺。言者/作者需要在语篇意义建构过程中组织语篇内各层级的信息。小句的信息分为已知信息和新信息。小句的信息起点不仅关乎小句自身的信息组织,还影响语篇的信息安排。语法隐喻可以作为上下文衔接的手段,实现语篇意义连贯。[21]和[22]是一本服务营销教材中关于什么是服务的阐释。[21]是从个人生活入手来谈服务消费,采用了一系列名词化表达方式。其中的第一句说"我们每天都消费服务",第二句列举了诸多个人消费行为。前一句概括,后一句具体,前后贯通。[22]是"服务"的定义,整句是小句复合体,其中主句是关系过程,将服务定位于经济活动。这种活动创造价值,同时给消费者带来利益。整句用了一系列抽象名词 services、activities、value、benefits、result、change。在[21]中,services 出现在述位中表述消费的内容;在[22]中,services 是主句的主位,承载已知信息,述位指出这一概念的内涵。两例在同一语篇中前后排列,构成了"抽象→具体→抽象"的信息流,使语篇意义连贯流畅。

[21] As consumers, we use *services* every day. Turning on a light, watching TV, talking on the telephone, catching a bus, visiting the dentist, posting a letter, getting a haircut, refueling a car, writing a cheque or sending clothes to the cleaners are all examples of service consumption at the individual level.(Lovelock *et al*. 1996: 6)

[22] *Services* are economic activities that create value and provide benefits for customers at specific times and places, as a result of bringing about a desired change in — or on behalf of — recipient of the service.(同上: 7)

5.5 隐喻综合征

本章从体现方式、语义特征、功能三个视角分析了词汇隐喻与语法隐喻的区别。在语篇中两种隐喻时有交叉。Halliday & Matthiessen(1999)强调,语法隐喻在语篇中连续出现,呈现隐喻综合征现象(syndromes)。语法隐喻综合征体现在组合关系和聚合关系两个方面。在组合关系方面,语法隐喻包含连续的转级和/或转类。小句复合体转为小句,小句转为成分,一种成分转为另一种成分。在聚合关系方面,语法隐喻具有隐喻程度差异。这可以用言语交际的实际经验来理解。当我们向不同受众讲同一事物时,措辞是不同的。一个隐喻程度高的句子往往需要拆解。例如,[23]是取自科技语篇的句子,[23a][23b][23c][23d]则是拆解的句子,隐喻程度逐步降低直至平白式表达(Halliday & Matthiessen 1999:258-259)。

[23] Glass crack growth rate is associated with applied stress magnitude.
[23a] The rate of glass crack growth depends on the magnitude of the applied stress.
[23b] Glass crack is faster if greater stress is applied.
[23c] Cracks in glass grow faster if more pressure is put on.
[23d] Glass cracks more quickly the harder you press on it.

隐喻综合征包括词汇隐喻综合征。Halliday & Matthiessen(1999:275)认为在语篇生成过程中语法隐喻和词汇隐喻都用来识解经验,建构意义。"在各个学科框架内识解经验都依赖于隐喻综合征。隐喻综合征本质上是词汇语法的,也就是说隐喻综合征是词汇隐喻综合征和语法隐喻综合征的结合。"(笔者译)他们以美联储的报告中的一段话为例,阐释语篇中词汇隐喻与语法隐喻的连用。

[24] *Steep declines* in capital spending commitments and building permits, along with a *drop* in the money stock *pushed* the leading composite *down* for the fifth time in the past 11 months to a *level* of 0.5% *below* its *high* in [month] [year]. Such a *decline* is highly unusual at this stage in an expansion; for example, in the three most recent expansions, the leaders were *rising*, on average, at about a 7% clip at comparable *phases* in the *cycle*. While not signaling an outright *recession*, the current *protracted sluggishness* of the leading indicators appears consistent with our prognosis of *sluggish* real GNP growth over the next few quarters.

(Halliday & Matthiessen 1999: 276)

在这个经济学语篇中,"量"被识解为"物"。经济的变化被视为"物"在空间的移动(引文中用斜体标出),或"物"的增长或缩小(用下划线标出)。这些隐喻表达式既有空间概念隐喻又有概念语法隐喻。

语篇中连续使用隐喻的现象被有的学者称为 megametaphor(Worth 1994)。胡署中从修辞学视角审视这一现象,称之为篇章博喻(魏纪东 2009)。迄今,在语篇中同时分析词汇隐喻和语法隐喻的研究成果还很少。

5.6 结　语

从以上讨论可见,词汇隐喻和语法隐喻在体现方式、语义特征、功能三个方面都有差异。认知语言学专注于词汇隐喻的认知功能,没有涉及词汇隐喻的人际功能和语篇功能,所观察的语料基本限于语句层面。系统功能语言学专注于语法隐喻研究,对词汇隐喻有所涉及,但是关于语法隐喻和词汇隐喻如何同时在语篇构建过程中发挥作用的研究成果尚不多见。从实例端来观察分析隐喻现象应该同时注重研究两种隐喻在语篇意义建构中的作用。

第六章

语法隐喻的发生理据

前两章讨论了语法隐喻是什么,与词汇隐喻有何区别。本章将讨论语法隐喻的理据,即语法隐喻为什么发生,什么因素影响语法隐喻的使用。语法隐喻作为语言使用现象既涉及语法又关联修辞,因此需要从语言作为系统和语言作为语篇两个视角来分析其发生理据。从语言作为系统视角来看,语法隐喻的发生根植于语言规约性和创造性的辩证统一。从语言作为语篇视角来看,语法隐喻是受主体意识和语境制约的创造性修辞方式。本章先讨论语言规约性与创造性的辩证统一,然后阐释语篇性与语法隐喻的理据性,最后分析语法隐喻的主观因素和语境因素。

6.1 语言规约性与创造性的辩证统一[①]

Hegel 的辩证法认为,矛盾的普遍存在和对立统一是世界一切事物的普遍规律(布宁、余纪元 2001)。语言的规约

---

① 本节的观点曾发表于《外语教学与研究》,2015(5):743-752。

性和创造性也是语言的基本规律。在探究语言是什么的过程中自然会思考语言的本质特征。语言学家们认为人类语言与动物交际系统有本质不同,人类语言具有任意性、创造性、系统性、结构二重性、文化传递性、超时空性等特征。语言的定义很多,每一个定义都势必指出语言的某种(些)特征。定义是揭示事物本质的短语,而"定义一个概念就是确定它的特征"(石里克2005:47)。不过,不同范式的语言学洞见的语言本质特征迥异。下面基于 Halliday & Matthiessen(1999)阐释的西方两种语义研究传统来看不同范式的语言学对语言本质特征的洞见。

Halliday & Matthiessen(1999)将意义研究的演进梳理为两种传统。一是趋向哲学-逻辑学的传统,将语言视为规则系统。二是趋向修辞学-民俗学的传统,将语言视为资源。这两种传统的意义研究焦点和方法有别。

首先,意义观有别。前者持客观主义意义观,认为语言符号指称、表征已在的意义;后者持建构主义意义观,认为语言建构意义,意义是语言的一个层面。

其次,意义研究的基本单位有别。前者研究的基本意义单位是命题;后者立足于语境研究意义,基本的意义单位是语篇。

再次,关注的元功能有别。前者聚焦于概念功能;后者探究概念功能、人际功能、语篇功能。

最后,研究的基本符号关系有别。前者聚焦于组合关系,分析词、句语义结构;后者更注重选择关系,着力探究语篇生成中意义的建构。

将语言视为规则系统或将语言视为资源对语言的本质特征有不同的认识,下面逐一回顾 Saussure 及后来的语言学家指出的语言本质特征。

6.1.1 任意性——语言作为规则系统的本质特征

持客观主义意义观的语言研究者着眼于符号与符号指称对象的关系。Saussure 视语言符号为一种特殊的社会存在。每一个语言符号都是音响形象与概念的结合体,即能指与所指的结合体。能指与所指的关系是任意的。Saussure 在阐释任意性的同时也指出有些符号是绝对任意的,而有些符号却有理据性。例如,法语数词 vingt 和 dix-neuf 就分别代表这两种情况。

Saussure之后,语言符号的任意性特征引起广泛关注和讨论。许国璋(1991)指出,从先于经验的角度看语言符号,它是任意的,而从后于经验的角度来看则是非任意的。他从语言学习者立场来阐释任意性和理据性。对于一个外语初学者来说,刚接触目的语,它完全是任意的,而学习一段时间后就会发现其中的规律,它就不再是任意的了。用系统功能语言学的理论来阐释,许先生所说的从先于经验角度看语言符号可以理解为从语言作为系统的视角看语言。初学者刚接触一门语言的语音、语法、词汇,每一个音位、单词、句子都是任意的。从后于经验的角度看语言就是从实例端看语言,只要使用一门语言交流就在运用那门语言的语音、词汇语法资源识解经验、建构意义,就在运用那门语言的内在规律,就有主体意识的作用,因此就有理据性。

6.1.2 创造性——语篇作为语言实例的本质特征

Chomsky部分继承了Saussure的语言-言语划分,提出了语言能力-语言使用二元划分。他认为语言是人类特有的。人类语言与动物交际系统的显著差异在于创造性,即用有限的规则创造无限句子的能力。Chomsky(1965)开篇就谈语言使用的创造性。他指出,语言的创造性是语言哲学一直关注的。但是他强调的创造性仅限于句子层面。他主张的句法自足论排除语义成分,导致生成语法理论不能解释语言在具体情境下的交际功能。基于语句概括的创造性给语言教学的启示不多。生成语法理论对语言习得研究的影响来自语言习得机制(LAD)假说。基于这一假说,Krashen(1982)提出了五个二语习得假说。

如上所述,Saussure和Chomsky的语言研究范式延续了哲学-逻辑学传统的语言研究,他们的理论分别基于对语词和语句的观察和分析,没有涉及语言使用单位——语篇,不考虑语境因素。Saussure认为语言学研究符号及符号之间的关系。符号之间的关系分为组合关系和聚合关系。Chomsky描写的短语结构规则和转换规则都解释组合关系及组合的心智过程,基本不涉及聚合关系。

系统功能语言学认为,语言-言语二元划分既不必要又不妥当,因为不研究实际使用的语言就不可能认识语言的实质。Halliday & Matthiessen(1999)

和 Matthiessen & Halliday(2009)认为语言符号系统与语篇构成语言现象的连续统,二者之间是例示关系。语言符号系统为语篇生成提供资源,语篇是语言使用的实例,以语言符号系统为资源生成,同时可以丰富、改变语言符号系统。语言符号系统以文化语境为背景衍生,语篇在情境下生成,服务于交际目的。语言与语篇的关系可以比拟为气候和天气的关系,是同一现象,但观察视角不同。系统和语篇是互补关系。着眼于系统的研究是语法研究,着眼于语篇的研究就是语篇分析。不过语法学家和语篇分析家都须参照系统和语篇。这种并协-互补关系意味着语言研究必须调换角度,只从系统角度或语篇角度来观察分析语言无法认识语言的全貌(Halliday 2008)。

研究语言运用必须考虑语境的作用。言者/作者不仅组构符合语法的语句,而且要构建能有效沟通的语篇。组构句子必须同时考虑组合关系和聚合关系。下面三个句子都符合英语语法,但在一定情境下只有一个可用:一、Have you seen a dog?;二、Have you seen our dog?;三、Have you seen the dog?。问陌生人,选择一;问邻居,选择二;问自家人,选择三。可见,选择关系在语言使用中至关重要。

Halliday(2013)指出,所有人类活动都离不开选择。我们的所言所行都基于意义的选择。我们通过语言来识解经验,来从事社会活动。我们通过选择来创造意义,也通过选择来改变意义。我们使用语言创造意义、从事活动的过程就是一个进化过程。使用符号的活动一方面保持现有社会生态秩序,另一方面也推进社会生态变化。"这一现象可以用'理性选择'(motivated selection)一词来表达。"(Halliday 2013:36,笔者译)

Halliday(1978)区分了语言研究的机体内视角和机体间视角(intraorganism perspective and interorganism perspective)。Halliday & Matthiessen(1999:428)更明确地阐述了系统功能语言学的社会建构主义意义观。

> 我们的观点——识解的世界是语义建构产物——蕴涵着人际视角。意义是共同建构的,交互的。"识解的世界"经常在人与人的协商过程中调整。这就意味着共识和分歧常常在一些情况下出现,而过去通常只以"真""伪"来判断。语义系统(语言系统的构成部分)为群体共有,它是社会的组成部分。如此说来,我们的观点虽然近于Lakoff的"经验主义认知",但仍有不同。区别在于:我们认为经验识解是在主体间进行的,既具符号性又有社会性。(笔者译)

综上所述，语言研究范式转变直接影响对语言本质特征的认识。Saussure 将语言符号系统作为语言学的研究对象，奠定了语言学作为独立学科的地位。《普通语言学教程》基于对语言符号的分析提出了任意性特征，突出了语言的社会性。但是囿于当时的客观主义意义观，只聚焦于语言(langue)，不研究言语(parole)，就不可避免地忽略语句、语篇层面的语言本质特征，即忽略了语言使用的主体性。Chomsky 的转换-生成语言学将语言视为规则系统，集中研究遣词造句的心智过程，看重语言的创造性。但是由于受句法自足论所限，Chomsky 提出的创造性的内涵还不能解释语言运用的本质。Chomsky 采取了机体内视角，忽略语言使用的主体间性。系统功能语言学继承发展了修辞学-民俗学传统的语言研究范式，将语言视为资源，采取人际视角探究语言运用规律，认为创造性是语言运用的本质特征。

6.1.3 语言规约性与创造性的辩证统一

上文提到，哲学-逻辑学传统的意义研究单位是命题，命题由语句表达。人与人的互动沟通极少情况下是以离散的句子进行。语言运用的单位是语篇。语篇生成过程既受规则制约，又受说话人或作者主体意识支配。规约性实际上是语言的社会属性，创新性体现交际者个体作用的发挥。遵从规约性语篇才能表达正确，体例规范(或话语得体)，但是语篇唯有创新方能语出惊人，言之有理，言之有力。规约性与创新性的对立统一可视为语言运用的首要规律。下面，我们从语素到语篇逐级比较规约性与创新性。

语素(morpheme)是最小的音义结合单位。这一语言层级完全是约定俗成的，少有创新性。

词是由语素构成的可用于组句的单位。单语素词没有理据，两个及以上语素构成的词则有理据。在特殊情况下，言者/作者可能造出新词来满足交际的需要。例如，一位摄影艺术评论家在评论一位摄影师的作品时造了一个新英文词 to-be-seenness 来指出其艺术特质。这样的实例表明，词中规约性占主导地位，但偶尔也有创新性。

词组/短语是小句的直接成分，有组合规则。以名词词组为例，英语和汉语名词词组的要素不完全相同，排列顺序也有别。明显的要素差异在于英语的冠词和汉语的量词。词组中规约性占主导，而创新性较弱。

语句按语法规则组构而成，既有规约性又有创造性。句群包含若干小句,规约性相对较弱,说话人的主体意识决定小句的排列顺序。

语篇作为语言使用的单位虽然有规约性,但是创新性占主导地位。例如,同一个高考作文题目,十万个考生就会写出十万篇不同的作文。如果有两篇完全相同,那一定有一篇是抄袭的产物。简而言之,语篇构建过程既要恪守规范又需要创新。

逐一分析语言各层级的规约性和创新性,我们可以这样概括语言规约性与创造性的辩证统一:语言层级越低,规约性越强,创造性越弱;语言层级越高,创造性越强,规约性越弱。

语法隐喻是跨越语法范畴的经验再识解表达方式,发生在语词、语句、语篇层面,是富有创造性的表达方式。这种经验再识解表达方式一方面受高级意识的支配,另一方面受语篇类型和情景因素的制约。

6.2 语法隐喻的语篇发生理据

语篇作为语言运用实例既是社会活动过程又是社会活动结果。语篇作为语言运用的意义单位具有语篇性质。语篇性质是区别语篇与非语篇的根本属性(Halliday & Hasan 1976)。然而,"语篇性质的内涵是什么?"这样一个必须回答的问题尚未得到明确的阐释。基于语用学、功能语言学、语篇分析的成果,语篇性质的核心内涵可以概括为目的性、创造性、连贯性。在一些类型语篇中,语法隐喻服务于这些语篇性质,或者说这些语篇性质触发语法隐喻的使用。

6.2.1 语法隐喻与语篇目的性

交际目的触发言语交际活动。一则广告、一篇论文、一部小说、一份商务合同等都出于交际者的目的。陈望道(1932)认为"修辞"有广义和狭义两种理解。狭义修辞的"修"即为修饰,"辞"当作文辞解,修辞就是修饰文辞。广义修辞以"修"当作调整或适用,"辞"当作语辞解,修辞就是调整或适用语辞。当代修辞学认为,修辞是运用语言的活动,"这种活动是人的一种有目的的活动,是人们'调整语辞使达意传情能够适切的一种努力'"(姚亚平 1996:18)。[1]是语法隐喻服务于语篇目的的一个典型案例。

[1] Don't smoke.
For one thing, *smoking* has always been an adult custom. And even for adults, *smoking* has become very controversial.
So even though we're a tobacco company, we don't think it's a good idea for young people to smoke.
Now, we know that *giving* this kind of advice to young people can sometimes backfire.
But if you take up *smoking* just to prove that you're an adult, you're really proving just the opposite.
Because *deciding* to smoke or not to smoke is something you should do when you don't have anything to prove.
Think it over.
After all, you may not be old enough to smoke. But you are old enough to think.(van Eemeren 2010:20)

20世纪80年代,美国公众对吸烟的态度发生转变,成年人吸烟人数开始下降。烟草公司面向未成年人做广告,希望能保持烟草消费水平。然而,公众反对这样的行为,于是雷诺兹烟草公司(R. J. Reynolds Tobacco)就推出这篇别有用心的广告。表面上,第一句话说"不要吸烟",但是,下文根本不说吸烟有害,而说吸烟是成年人的习俗,成年人对吸烟的看法不一,吸不吸烟是个人的选择。"你可能还不到吸烟的年龄,但是你已经足够成熟做出自己的选择。"这则广告中连续使用名词化表达式来评价吸烟,然而却没有负面评价吸烟。这在客观上引发未成年人受众的好奇心,实际上达到了推销香烟的目的。

6.2.2 语法隐喻与语篇创造性

系统功能语言学认为,语言不仅反映现实,语言也建构现实。社会结构、意识形态都是通过语言创建的,也是通过语言演变的。虽然 Chomsky 看重语言的创造性,但是生成语法理论只试图解释语言能力,不涉及语言使用,自然不能解释语篇的创造性。其实,任何一个语篇的生成过程都是一个创造过程。从一则广告到一部长篇小说的生成无一不是创新的过程。语篇的生成首先要根据情景和交际目的来建构意义架构。在论说类语篇中,构成语篇宏观结构的是核心概念。这些核心概念通常用抽象名词或名词化来表达。[2]是译者在介绍海明威的《老人与海》文章中的两段。

> [2]《老人与海》之所以这么写,是作者刻意的**选择**。这部小说淋漓尽致地展现了海明威的"冰山理论",其行文的**简单**与**朴素**非常有欺骗性,而且隐藏着非常丰富的信息,真可谓是**深奥的简洁**,下面不妨通过几个详细的例子来予以说明。
> [……]
> 从前面的分析可以看出,这种**深奥的简洁**必须有**真实性**作为支撑。其实海明威曾在《午后之死》中详细地解释过冰山理论的奥妙:"如果作家对他要写的故事有足够的了解,他就可以忽略一些他知道的事情,然后只要他写得足够**真实**,读者将会强烈地感受到那些事情的存在,仿佛作家已经把它们写出来。"**真实性**正是《老人与海》的另一个艺术成就。(李继宏 2013:16-18)

这两段话集中表达了译者对原作的评价。其中的黑体字词语表达的概念构建了整个语篇的意义框架,全文围绕这些核心概念展开。译者的导读实际上是一篇文学评论。全文的谋篇布局基于对原作的艺术手法的分析,具有鲜明的创造性。这种创造性首先体现于关键词的提炼,而这些关键词多为名词化词语。"深奥的简洁"兼有矛盾修辞法和名词化,尤其能体现语篇意义的创造性。

6.2.3 语法隐喻与语篇连贯性

语篇作为一个意义完整的语言使用实例具有语篇性。Halliday & Hasan(1976)认为语篇性是语篇区别于非语篇的根本属性。语篇性的核心内涵之一是语篇连贯性,即语篇的部分之间逻辑语义关系通顺。部分与部分之间或为因果关系,或为象征关系,或为包含关系,或为时间顺序,或为空间顺序。这种连贯性虽然体现在句子之间,但也依赖于句子内的成分。

"英语句子内的主要语篇性成分是主位。"(Halliday & Hasan 1976:325,笔者译)主位是小句的信息起点。主位分为无标记主位和有标记主位。无标记主位是句子的主语作为信息起点,有标记主位是小句的其他成分作为小句的信息起点。主位的选择是组织语篇信息的主要手段,受上下文的制约。名词词组或名词化可以充当无标记主位。例[2]中"行文的简单与朴素""这种深奥的简洁"都是名词化做主位。这些名词化主位有效地组织了语篇的信息流,使语篇意义连贯通畅。下面请看一位美国教师发表于《中国应用语言学》2010年第3期的文章"Speaking and Thinking:Understanding Oral Problem-Solving Efficacy in Second Language Learners"开头的两个段落:

[3] In the United States, *the critical thinking (CT) movement* has been going on for three decades. California, in its landmark 1987 legislation, revamped education to require teaching of *CT* in all grades and made *CT* a compulsory general education requirement for all California community college and university graduates [...]. *This movement* has fostered a proliferation of research, websites, and books to guide *development of CT* in reading, writing, and speaking. A simple Google search for the term "*critical thinking*" yielded 28 million hits.

This movement has spread from the West to other parts of the world, including the People's Republic of China. Phoutrides [...] argued that *problem-solving, innovation and creative thinking* have also become goals for which Chinese education strives. [...] *The emphasis in CT* has also spread to foreign language classrooms where curricula have been developed to directly provide the skills of analysis and evaluation [...]. Yet, research has lagged behind on *developing critical thinking* in students in the field of second language acquisition [...]. Within applied linguistics, much attention has been given to accuracy of language use, comprehension, fluency, grammar, lexical precision and overall language form. However, *emphasis on CT in L2* has only been focused on recently.

  这篇文章开头的两个段落道出全文的主题,开门见山,丝丝入扣。其中的信息通过主位、述位推进组织得流畅贯通。开头段第一句的主位是复合主位"In the United States, the critical thinking movement"。第二句的主位是"California",与第一句主位之间是空间关系,述位中含有两个 CT。第三句的主位是"This movement",与第一句的主语是照应关系,述位中含有"development of CT"。第四句的主位是"A simple Google search for the term 'critical thinking'"。整个段落都围绕"critical thinking movement"和"critical thinking",话题的表征采用了名词化。可见语法隐喻的运用在这段话中起到了重要的语义连贯作用。

  第二段第一句的主位是"This movement",与第一段第一句的主语照应,述位是"has spread from the West to other parts of world, including the People's Republic of China"。该句的述位与开头段第一句的主位存在照应关系,作者有意通过这种空间照应关系自然地过渡到中国英语教学中批判性思维的培养问题。第二句中名词性从句的主位是"problem-solving, innovation and creative thinking",与 CT 近义。第三句的主位是"The emphasis in CT",属于衍生主位(derived theme),与"critical thinking"紧密关联。第四句主位是"Yet, research",属于复合主位,述位"has lagged behind on developing critical thinking in students in the field of second language acquisition"。此句点出了该文所涉及领域的进一步研究空间。第五句的主位是"Within applied linguistics",述位描述该领域的现状,过多关注语言使用的规范性、流利程度。第六句的主位"However, emphasis on CT in L2"属于复合主位,包含语气转折和话题"二语习得中强调批判性思维"两项内容,述位指出这种转向近来刚刚开始。

  例[3]中的有标记主位或为国家、州名,或为学术领域,体现了空间照应,使批判性思维这一话题穿越空间,谈到美国教育和中国外语教学中的批判性思维培养。无标记主位都与话题紧密相关。小句内主位的选择是实现语篇连贯的主要手段。无标记主位由名词词组或名词化充当,在这个学术语篇中作者用名词化构建话题。名词化作为最典型的语法隐喻在语篇中发挥了主要的语义连贯作用。

6.3 语法隐喻的主观因素

6.1节中谈到,从语言作为系统的视角来看语言符号的本质特征,主要关注任意性或规约性;从语言作为语篇的视角来看语言的本质特征,则更看重创造性。语法隐喻既是语言规则系统的具体内容,也是语篇意义建构可利用的资源。从语篇发生视角来看语法隐喻的使用,我们不能不正视这种修辞手段的主观因素。胡壮麟(2014:46)指出:"人类具有以不同的语义结构表达同一经验现象的能力。系统功能语言学认为人类借助语义系统来识解经验是一种主观过程,这与认知语言学视角、意象图式和隐喻等理论有兼容性。"

名词化指称的"物"不同于名词指称的物。名词化过程作为经验再识解过程将行为、属性、关系等指称对象"物化",不仅仅是选择的结果还是建构的结果,名词化的使用更具主观因素。下面我们以一篇博士论文英文摘要为例来看名词化表达式的主观性。

这篇博士论文的题目是"Text Relations and Patterns: A Contrastive Study of Linguistic and Cultural Issues in EFL Writing"(《语篇关系和语篇模式:英文写作的语言文化对比研究》)。我们以文章摘要中用到的名词化表达式 V-ing 为切入点来看作者运用名词化表达式的主观因素。基本假设是:如果带有-ing 的名词化表达式已经成为英文词典中的词条,那么该词项已进入英语词汇系统,该词项在语篇中出现是作者选择的结果;如果带有-ing 的名词化表达式在英文词典中找不到,则可认为该词项尚未进入英语词汇系统,是作者在线构建的结果。在线构建的名词化表达式更鲜明地体现主观性。

分析过程分为三步。第一步,识别文本中用到的带-ing 的名词化表达式。根据上下文剔除现在分词,只提取作为主语、宾语、介词宾语、名词修饰语的 V-ing 词项。第二步,以 *Longman Dictionary of Contemporary English* 为工具书,逐一判定所提取的 V-ing 是否为词典中的词项。第三步,将查阅结果列表呈现。结果见表4。

这篇以博士论文摘要作为小型案例的 V-ing 词项和名词化表达式使用分析表明,语篇生成过程中名词化表达式是作者在线构建或选择的,具有明显的主观性。

表4　一篇博士论文摘要中用到的 V-ing 词项及名词化表达式

摘要中用到的 V-ing 名词词项	摘要中用到的 V-ing 名词化表达式
	raising
writing	using
patterning	learning
sequencing	belonging
understanding	starting
teaching	arguing
being	composing
beginning	constructing
	organizing
44%	56%

在语篇建构过程中,选择一致式表达还是隐喻式表达本身就体现主观性。Saussure 认为,语言学研究的具体实体是符号及符号的关系。他将语言系统内符号与符号之间的关系分为组合关系和聚合关系。Halliday 称后者为选择关系,认为选择就是意义。选择作为系统功能语言学的核心概念之一被普遍接受,但是关于这一概念的内涵缺乏明确阐释。

Fontaine(2013)从系统功能语言学的系统观入手讨论选择的多义性。语言作为意义潜势模拟为系统网络。语义系统网络由相互关联的系统集合构成,是语义选择的表征。Fontaine 指出,"选择"是歧义的:1)"选择"(choice)可以理解为语义备选(the available semantic options);2)"选择"可以理解为择取(the process of selecting options)。既然选择(choice)是歧义的,那么就存在这样一个值得提出的问题:在系统功能语言学文献中,"选择"应该理解为备选还是理解为择取?她认为备选是个相对简单的概念,而择取是极其复杂的过程,因此更应引起系统功能语言学研究者的注意。

依据语言-语篇并协论,我们可以说在系统功能语言学文献中两种理解同样顺理成章。从语言系统视角看选择,语义系统网络提供语篇生成的资源,选择意味备选。从实例视角看选择,交际者在语篇生成过程中反复从系统中选取资源,选择意味择取。

从语篇生成角度看择取,其复杂程度超出业外人士的想象。实际上,语言学关于择取的规律性尚缺乏探讨。Fontaine et al.(2013)包含关于择取的不同侧面的初步研究成果,但是在一些问题上系统功能语言学家们仍有截然不同的认识。

选择是有意识的吗?Halliday 用"motivated selection"来指语言中的选择。但是,他不认为选择是有意识的。他是这样表述的:

> 物质的或符号的选择行为通常是无意识过程。不过它总是可以提到意识层面反思。select、opt for 等动词意味着有意识的选择。意义选择就像选择如何生存和如何做事一样自然。但是,对于作家、演说家、教师来说——尤其是演员和译者——选择常常因为设计而具有导向性或者至少有修饰。达尔文用"自然选择"来区别于动植物杂交的故意选择。(Halliday 2013:17,笔者译)

从这段话可见,Halliday 虽然用了"motivated selection",但是他还是将选择视为进化论意义的自然选择。这可能是从系统角度看选择得到的认识。如果从语篇角度来看选择,选择意味择取,择取则受意识支配。

Fawcett(2013)从语篇视角探讨选择,提出的核心问题是:当我们用语言构建语篇时我们如何从系统网络中选择?他认为过去的系统功能语言学研究聚焦于语篇与语境的关系,还没有直接面对语篇生成过程。基于关于自然语言生成的人工智能研究,特别是"The Panman Project"和"The COMMUNAL Project",他构建了一个综合模式,取名为"The Major Components of a Communicating Mind"(交际思维主要成分)。在这个综合模式的诸多成分中,居首位的是"General Planner and Reasoner"(总体计划和推理)。它的功能是根据交际目的设计语篇结构,检测结构的合理性。该模式的基本假设是:选择蕴含决定,词汇语法自身不能做决定,语篇生成模式必须包含计划。下面的引文清楚地表述了他的观点:

> 我们需要区分"选择"的两种过程意义:通识性意义,选择暗含决定;系统功能语言学特定的意义,选择不暗含决定。选择过程显然蕴含决定过程。不存在关于谁或什么来做决定的认真质疑。[……]语篇创作者持续不断地决定说什么、如何说,时刻考量自己及交际对象的交际目的以及对方的信息需求。(Fawcett 2013:125,笔者译)

从表面上看，两位大家的认识明显不同。但是用语言-语篇并协论（Halliday 2008）来分析，我们可以说两种观点都立得住。着眼于系统来看选择，选择意味备选，语义系统网络是"意库"。这层意思的选择当然是无意识的。着眼于语篇生成来看选择，选择意味择取，选择过程受交际者意识的支配。

选择的意识支配程度与级阶（rank scale）有关联吗？上文我们讨论了"选择"的歧义及选择作为择取是不是有意识的。这里我们还要继续追问，择取的意识支配有程度差异吗？如果有，在语篇生成过程中择取的意识支配程度与级阶有没有关联？

对于前一个问题我的回答是肯定的，理由是人类存在潜意识。我们的一些行为在初学阶段完全是有意识行为，熟练后逐渐变成潜意识行为甚至无意识行为。学游泳、驾车、弹琴等过程即可证明这种意识支配的梯度现象。梦话完全不受意识支配。

如果人的行为可以受不同意识程度支配，那么交际者在语言运用中不同层级的选择是不是因为受意识支配的程度有差异呢？先从语素说起。在言语交际过程中我们需要从记忆中提取一个一个的语素来指称事物，提取受意识支配程度最低。在词语层面，选择余地很大，词类、语域、词义风格等诸多因素都需要交际者考虑，因此词语选择受意识支配程度较高。在语篇构建过程中，交际者偶尔会感到现有词语不能表达想要表达的意义，这时就可能造新词。例如，世界卫生组织将2020年出现的新冠疫情命名为Covid-19。这个缩合词包含病毒名称和疾病的发生年份。其中不包含发生地点，因为科学家尚未完成病毒溯源。世界卫生组织造了这个词，权威性地否定了试图将疫情政治化的"甩锅"言论。造词的过程是思考的过程，显然是受意识支配的。

语句层面的选择受意识支配的程度进一步提升。交际者不仅选择词语还须选择句式。三十多年前的一件轶事可以为证。当年我和来自北京的一个同学一起在澳大利亚拉筹伯大学攻读硕士学位，导师很关心我们，常常周末带我们去参加朋友的聚会。我们急于完成学业，有时就婉言谢绝。有一次，导师当面邀请我俩，我们又想婉言谢绝。导师有些不高兴，我们就勉强答应了。我的同学很诙谐地说："OK. We are now going back to change clothes but not our mind."。导师高兴地笑了。这个句式叫轭式搭配（zeugma）。同学的睿智和机敏令我佩服，一句话就改变了尴尬的局面。我相信这句话的建构受意识支配的程度很高。

语篇作为语义单位(Halliday & Hasan 1976)的构建受交际者意识支配的程度最高。语篇在情境下生成,有明确的交际目的。语篇的意义连贯,其内部信息需要组织。在这个意义上,在构建语篇过程中语法隐喻的使用是受主观意识支配的。

在 2.3.1.1 节中,我们回顾了 Halliday 将语法隐喻视为经验再识解的表达方式,这种表达方式受高级意识的支配。Halliday & Matthiessen(1999)第 15 章《语言与意义建构》中摘引了 Edelman(1992)关于初级意识与高级意识的论述。这段论述有助于理解语法隐喻的主观因素,译文如下:

> 初级意识是指意识到世间事物的心智状态——对眼前事物形成心理印象。但是这种意识不伴有过去和将来的概念。这种意识可能属于没有语言、语义系统的动物。如果这种生物学解释成立的话,初级意识显然是有效的。它可以处理环境的多重信息。初级意识提供了将当前信息与自身行为和效果相联系的方式。通过建立这样的关联,初级意识可以在一系列复杂任务中调整注意力。初级意识是高级意识进化的基础条件。不过,它仅限于现实的很短暂的记忆。
>
> 与初级意识相比,高级意识涉及思维主体自身行为和情感的认识。它包括主体、过去、现在和将来。它体现多维心理的直接意识。高级意识是人类所具有的初级意识之上的意识。我们能意识到意识。如何能超越初级意识?简略回答是:新记忆形式和社会传播系统的进化。这意味着通过进化获得语言能力。迄今只有人类具有这样的能力,这也就意味着高级意识在人类中发展了。通过与人互动,复杂关系的长期记忆对于个体的概念形成至关重要。这样的记忆伴随着关于个体、他人、事件的话语的范畴化。基于言语社团的语言,个体的内心世界成为可能。高级意识在生物个体之上增加了社会化的自我。对初级意识的直接现实的超越以及社会沟通所积累的丰富信息使我们能预测未来、规划行动。(Halliday & Matthiessen 1999:608,笔者译)

基于这段论述我们可以说,高级意识是基于语言符号的意识。语篇构建过程是高级意识活动过程。从谋篇布局到小句内信息组织都受主体意识支配。语法隐喻的使用是语篇构建过程中言者/作者根据上下文选择的结果。这是语法隐喻的主观因素,然而这种选择受诸多语境因素的制约。

6.4 语法隐喻的语境因素

语篇可以理解为一个连续的语义选择过程,语篇即意义,而意义是选择,是一系列不间断的选择(韩礼德 2015:47)。语篇在情境语境中生成,语篇意义的选择受三个语境因素的制约,即语场、语旨、语式。语场指的是人们通过语言从事的社会活动。语旨指的是活动参与者的社会角色关系。语式是言语交际的渠道或媒介(Halliday et al. 1964)。这三个语境因素都影响语法隐喻的使用。

6.4.1 语法隐喻的语场因素

语场是通过语言进行的社会活动,是决定语篇类型的最重要因素,也是影响语法隐喻使用的重要因素。语料库语言学研究结果显示,学术语篇中名词化的出现频率是小说和日常口语中出现频率的四倍。Biber et al. (1998)统计分析了 movement 等 6 个常用英语名词化词项在三类语篇中出现的频率。movement 在学术语篇中每百万词中出现了 900 次,小说中出现了 100 次,在口语中出现了 60 次。他们通过上下文索引发现,在学术语篇中 movement 用来做主语或宾语,将行动或过程抽象为"物"。而在小说和口语中主要描述对象是人,所以倾向于用动词 move。[4]—[6]是他们从语料库中摘取的例句。

[4] If *movement* has occurred recently, the effect on topography, drainage patterns, vegetation and human artifacts can often be recognized.
[5] The legs and hips, or arms and shoulders, may be used to initiate *movement* in any direction.
[6] Garth whistled breathily to himself and *moved* his hand crabwise along the table.

不仅学术语篇需要用名词化来凝练核心概念,政治语篇也需要用名词化来构建意义,特别是用名词化表达式来表征目标任务。目标是要通过努力达到的未来事物状态或境地,要实现目标就要完成一系列任务,谈论目标任务必然在语篇中将其对象化,所以政治语篇富含语法隐喻(见7.4节和7.5节)。

6.4.2 语法隐喻的语旨因素

由于名词化表达式浓缩意义,其语体风格属于雅式,言者/作者在使用时要考虑到交际对象。名词化表达式在日常语篇中使用得较少,而在科技语篇、政治语篇中则使用频繁。[7]和[8](韩礼德2015:19)描述同一现象,但是前者是与专业人士沟通的说法,后者是与非专业人士沟通的说法。

[7] Fire intensity has profound effect on smoke injection.
[8] If a fire is intense, it will give off a lot of smoke.

杨信彰(2011)考察了科技语篇和科普语篇中名词化的使用频率差异,认为交际目的和读者群体不同是导致使用频率差异的主要因素。王靖潭、杨忠(2016)分析发现了同一作者发表在期刊的文章中名词化的使用频率明显高于发表在媒体网站的文章中名词化的使用频率。由此可见,语旨是影响语法隐喻使用的重要因素之一。Martin(2010)用他与女儿的对话故事说明了这一语言事实。他的女儿四岁时,他们到悉尼附近的海滩去游玩。海滩边的一个标牌上写的是"Seven miles from Sydney, and a thousand miles from care."。他的女儿问:"Where is care?"当女儿成为大学三年级法学专业的学生时,爸爸再开玩笑提到此事,女儿不禁大笑。那个标牌是写给家长们看的,儿童不理解完全正常。它要提醒家长们多给孩子们一些关爱,常带孩子来海滩玩儿。心中有关爱,海滩并不远。这使笔者想起在长春市动植物园看到的一个标示牌的话语。[9]是该标示牌的中英文。

[9] 即使我做出了乞食的动作,也请不要喂给我任何食物,因为那不是我的自然行为,回归本性需要你我共同努力。
Please DO NOT throw me any food even if I may display begging behaviors. Begging is not natural in the wild. Let's join efforts to help me maintain my nature.

此标牌上的文字的确文雅,但是不知喜欢给动物投食的小朋友们是否明白要他们不做什么。

6.4.3 语法隐喻的语式因素

交际渠道也是影响语法隐喻使用的因素之一。在语场、语旨基本一致的书面语和口语语篇中语法隐喻的使用有明显差别。笔者及合作者分析了关于"三农"话题的2009年总理政府工作报告相关部分及总理在"两会"期间与一位农民代表的对话中的语法隐喻使用情况[①]。

名词化在政府工作报告相关部分中的使用频率明显高于在对话中的使用频率。在政府报告中共出现93处,平均1处/14.4字。报告的相关部分共1 340字,41个句子。总理与农民的对话长度为618字,28个句子。在对话中名词化共出现20处,平均1处/30.9字。

两个语篇中的人际隐喻使用也有明显差异。在对话中语气隐喻出现频繁,例如用疑问语气代替陈述语气。在说到过去收税费时农民把土地往少说,而现在领补贴"农民如实报,我不说往大处报"时,总理没有说肯定有这个现象,而是问:"有没有这个现象?"类似的人际隐喻在书面语篇中没有出现。

6.5 结 语

本章从语言作为系统和语言作为语篇两个视角来阐释语法隐喻为什么发生。从语言作为系统视角来看语法隐喻,它是语言规约性与创造性有机结合的表达资源。从语言作为语篇视角来看语法隐喻,它是实现语篇目的性、创造性、连贯性的重要资源。大量语篇实例显示,语法隐喻的使用受交际者主体意识的支配,同时受语场、语旨、语式这些情景因素的制约。

---

① 此项分析结果曾发表于《外语教学与研究》,2010(6): 403-410。

第七章

政治语篇中的语法隐喻

第二章回顾了语法隐喻研究。语法隐喻的应用研究首先是观察分析语法隐喻在语篇中的使用。Halliday 在最初提出语法隐喻这一术语的文章中就指出,语法隐喻多用于正式文体的语篇,包括科技语篇和政治语篇。系统功能语言学对科技语篇中的语法隐喻研究较多,而对政治语篇中的语法隐喻研究还没有展开。在批评话语分析领域,Fairclough(2001)将语法隐喻和词汇隐喻作为语篇描述的观察点之一。本章将首先阐述政治语篇的类型和特质,然后从权力认知、目标任务的隐喻表征、行动纲领的隐喻表征三个方面来讨论政治语篇中的语法隐喻使用,最后选取汉语政治语篇进行案例分析。

7.1 政治语篇的类型定位

3.4 节讨论了语类与语域的关系。系统功能语言学将 genre 视为语篇类型。虽然 genre 在民俗研究、文学研究、修辞研究、语言研究领域有不同理解,但是 genre 与交际活动类型紧密相关。Swales(1990)指出,尽管不同学科对 genre 有不同理解,语言学关于 genre 的研究明确了三点:1)语篇类型就是目标导向的交际活动类型;2)语篇类型具有结构形式;3)语篇类型区别于语域和文体。Swales(1999:58)给出了如下定义:

> 语类是具有某类交际目的的交际活动类型。这些交际目的由于得到话语共同体的认同而成为语类的依据。语类的目的依据决定话语结构,影响并制约内容和风格的选择。(笔者译)

Bhatia(1993)阐述了语类、交际目的、作者之间的关系:第一,交际目的是区别语类的重要标志,同时交际目的也区别亚语类(sub-genre);第二,语类的结构是专业共同体或学术共同体长期积累的结果;第三,虽然作者有选择语言资源的自由,但是作者必须遵循语类的规范;第四,专业共同体或学术共同体的专家级成员能创造性地利用资源和规则来达到交际目的。

据此,可以说政治语篇就是通过语言从事政治活动的语篇。由于政治活动多种多样,政治语篇作为一种语类含有诸多亚语篇类型,如政治对话、政治演讲、政府工作报告、政府文件等等。

"政治是权力的分配、行使及其结果。"(Hay 2007:61,笔者译)《现代汉语词典(第7版)》将政治定义为"政府、政党、社会团体和个人在内政及国际关系方面的活动"。前者是以权力为核心概念来定义政治,后者是以当权者的活动来定义政治。无论从哪个角度定义政治,一切政治活动都离不开话语,而且所有政治话语都是论证性语篇。Fairclough & Fairclough(2012)认为,政治本质上就是针对面临的形势和目标做出行动选择和政策选择,而先于这些选择的一定是务实性论证。如此看来,政治语篇属于论说性语篇。

7.2 政治语篇的特质

政治活动可能是最重要的社会活动,因为它事关社会的发展和人民的福祉。政治活动的重要性决定了政治语篇区别于其他论说类语篇,或者说这种语篇类型一定具有一些特质。借助于政治学、修辞学、语言学关于政治修辞的分析,这里讨论政治语篇的四个主要特征。

7.2.1 务实性

论证是含有若干前提和结论的一系列陈述。论证可分为三种:演绎论证(deductive argument);归纳论证(inductive argument);务实论证(conductive argument)(Fairclough & Fairclough 2012;Searle 2010)。评价演绎论证结论的标准是可靠性,评价归纳论证结论的标准是最大可能性,评价务实论证的结论要看可行性、有效性。政治总是离不开为有效且可行的行动而做出决策,行动是为了达到预定目标。目标是通过努力达到的未来事物的状态。Fairclough & Fairclough(2012)指出,提出目标以及做出决策都是务实性论证过程。未来事物状态在话语之外,但是描述未来事物状态必然是话语行为。政治话语的内容一定是务实的,因为总是围绕实现什么目标、采取什么行动这样一些实际问题。

7.2.2 慎重性

亚里士多德区分了三类修辞:政治修辞;法庭修辞;仪式修辞。Fairclough & Fairclough(2012)将政治修辞视为慎重修辞,这种修辞事关公共事务,要对行动的利弊进行判断,关注的是未来。法庭修辞涉及对已发生的行为进行判别。仪式修辞主要是赞扬或贬低某人或某事。他们认为政治修辞本质上必然是慎重的,因为我们论说的就是我们要做的,要做的必须经过论证是正确的。这种慎重的务实性论证必然发生在未来充满不确定性,正确的行动还不明了的情况下。这种情景语境称为机构语境。

7.2.3 创造性

西方传统修辞的五个原则之一是创造性(胡署中2002)。创造性是语篇性质的重要内涵之一。政治语篇是大智慧的结晶,旨在解决方向性、政策性、敏感性、争议性的问题,因此政治语篇的构建需要创新思维和创造性语言。比如,美国第16任总统林肯的民主政治思想的表达是极具创造性的政治话语:"我们[……]要更忠诚于先烈们为之献出生命的事业。我们决不能让先烈们的鲜血白流,[……]要使这个民有、民治、民享的政府永世长存。"(《不列颠百科全书(国际中文版)(第10卷)》)

7.2.4 前瞻性

Hoey(1994)综述了欧洲功能语言学关于语篇结构的研究成果,概括出"背景—问题—解决—评价"的基本语篇结构。他指出,每一个句子都与整个语篇的结构相关联,句子的结构功能通常有语言标示。Fairclough & Fairclough(2012:11)论述了政治语篇结构性,认为"务实性论证就是论证采取什么行动来应对实际问题(务实论证通常是问题—解决论证)。务实论证的结论是关于应该做什么、做什么有利、什么是正确行动的实用性判断"(笔者译)。他们强调,做出结论需要阐述四个方面的前提:背景前提(描述事物现状及存在的问题);目标前提(描述未来的事物理想状态);价值前提(表达目标背后的价值观);目的—手段前提(论述拟采取的行动计划能够改变事物状态,达到预期目标)。决策者发现问题并提出解决问题的方案需要前瞻性。一个国家或地区面临的问题是经济社会发展中出现的新问题,拿出解决问题的方案需要决策者的远见卓识。

7.3 政治语篇的推理

Audi(2006)认为,务实论证的语篇基本结构是问题—解决,论证过程是推理过程。言者/作者从动机前提及认知前提推断出合理的行动。这种务实论证就是应对实际问题。推论得出的结论就是言者/作者对实际问题的回答。Audi(2006)概括了针对问题做出的四类反应:认知反应(得出结论即是做出应该采取行动A的判断);动机反应(得出结论就是形成采取行动A的意向);决策反应(得出结论的过程就是决策的过程);行为过程

（得出结论本身就是解决问题的行动）。基本推理模式是：

  大前提——动机前提（要达到目标 G）；
  小前提——认知前提（做 A 则会实现 G）；
  结论——务实性判断：应该做 A。

  这个模式简洁明了，然而它忽略了一个非常重要的情景因素，即决策者对权力的认知以及决策者的立场。无数历史事实说明，决策者站在什么立场、如何认识权力的本质、如何认知决策者自己的地位直接影响务实推理的结论。以美国政府决策行为为例，尽管林肯总统早就提出了建设民有、民治、民享政府的民主政治目标，但是当下民主党和共和党的立场不同，其内政和外交政策迥然有别。正如 Lakoff(2004)所分析的，即便两党都以"国是家"的隐喻认知治国理政，共和党的基本执政理念是做"严父"，而民主党的基本执政理念是做"慈父"。Lakoff(2004)分析了布什总统在国情咨文中的"We do not need a permission slip to defend America."（我们不需要任何人批准来保卫美国）及"We are the adults."（我们是家长）。这样的话语反映了当时执政的共和党的强硬外交政策，其背后仍然是做"严父"的理念。布什称与美国作对的国家为"rogue states"（捣蛋国家）。

  综合务实论证推理模式及务实论证的情景因素，下一节将从权力认知、目标表征、行动纲领三个视角来观察分析政治语篇中的语法隐喻。

7.4 政治语篇中的语法隐喻

  上一节讨论了政治语篇的类型定位和特质。政治语篇作为一种论说性语篇一定涉及目标及能达到目标的行动。Searle(2010)认为目标是群体意向(collective intentionality)，意向首先在人脑中产生，然而人们常常意识不到语言在社会现实建构中的作用。实际上，所有社会现实都由语言表征。语言不仅表述，语言创造并部分构成它所表述的社会世界。"我们用语义创造超越语义的现实，也用语义创造超越语义威力的权力。"(Searle

2010:14,笔者译)6.2节讨论了语法隐喻对实现语篇的目的性、创造性、连贯性发挥的作用。下面我们来分析语法隐喻在权力认知、目标表达、行动纲领表征方面发挥的作用。

7.4.1 权力本质的隐喻识解

本书将语法隐喻定义为跨越语法范畴的经验再识解表达方式。概念语法隐喻可以跨越词类,也可以跨越级阶。在中国典籍中关于权力、政治的论述很多。先哲们在论述什么是政治、如何理政等问题的话语中频频借助于语法隐喻和词汇隐喻。下面逐一分析其中的语法隐喻和词汇隐喻。《四库全书精编·礼记》(第44页)有这样的对话:

[1] 公曰:"敢问何为政?"孔子对曰:"**政**者,**正**也。君为正,则百姓从政矣。"(齐豫生、郭镇海 1999)

孔子用一句话指出了政治的核心内涵以及理政的根本原则。政治就是公正,公正地理政百姓就会拥护。"者"是古汉语中的助词,"用在形容词或动词后面,或带有形容词或动词的词组后面,表示有此属性或做此动作的人或事物"(《现代汉语词典(第7版)》)。这样看来,"政者"就是名词化表达式,做句子主语。"政者,正也"这一命题表达了孔子对政治的本质的认识。"正"原本表达空间概念,这里映射到政治领域,属于词汇隐喻。由此可见,这句表达孔子的政治观的话语基于语法隐喻和词汇隐喻。《四库全书精编·荀子》(第12页)这样论述国家的贫富之道:

[2] 观国之强弱贫富有征:**上**不隆礼则兵弱,**上**不爱民则兵弱,已诺不信则兵弱,庆赏不渐则兵弱[……]。**上**好功则国贫,**上**好利则国贫,士大夫众则国贫[……]。**下**贫则**上**贫,**下**富则**上**富。(齐豫生、郭镇海 1999)

基本论断是,民富则国富,当权者应善待士兵和百姓。荀子用"上""下"指代当权者和百姓。上、下原本表达空间概念,在话语中名词化,指代当权者和百姓。这种用法既跨越语法范畴又跨越语义范畴,是基于转喻

的语法隐喻。《四库全书精编·荀子》(第34页)记述了与鲁哀公对话时孔子的回答:

> [3] 君以此思**忧**,则**忧**将焉而不至矣![……]君者,舟也;庶人者,水也。水则载舟,水则覆舟,君以此思**危**,则**危**将焉而不至矣!(齐豫生、郭镇海 1999)

在这段话中,孔子明确论述了国君与民众的关系。他将国君比作船,将百姓比作水。他认为国君能这样认识君民关系,政权就会稳固。孔子的这个政治隐喻在中国文化中影响深远,直至当前。孔子认为哀公能居安思危,则忧在而不至。"忧"和"危"用作"思"的宾语,是名词化表达式。这段话语也同时用到词汇隐喻和语法隐喻。《四库全书精编·孟子》(第30页)明确阐述了仁政观:

> [4] 尧舜之道,不以**仁政**,不能平治天下。[……]惟仁者宜在**高位**。不仁而在**高位**,是播其**恶**于众也。
> [……]
> 桀纣之**失天下**也,失其民也;失其民者,失其心也。得天下有道:得其民,斯得天下矣;得其民有道:得其心,斯得民矣;得其心有道:**所欲**与之聚之,**所恶**勿施,尔也。民之**归仁**也,**犹水之就下**、**兽之走圹**也。(齐豫生、郭镇海 1999)

首先,施仁政才能平天下。其次,施仁政必须仁者当权。再次,施仁政必须得民心。最后,得民心必须满足民众需求。话语中用到诸多名词化表达式,例如,"失天下也""所欲""所恶""归仁""就下""走圹"。"之"在古汉语中是助词,"用在定语和中心词之间,组成偏正词组"(《现代汉语词典(第7版)》),表示领属关系或修饰关系。跟在"之"后的词组为中心词,一般为名词或名词化。"桀纣之失天下也""民之归仁也""水之就下""兽之走圹"中的"之"都是助词,其后都为名词化表达式。"所欲与之"中的"之"为代词。孟子认为施仁政则百姓自然拥护当权者,这就像水往低处流淌、野兽在旷野中活动一样自然。孟子的论述中也同时用到语法隐喻和词汇隐喻。

从以上四例的分析可见,儒家对于权力的本质有非常明确的论述,主张民本主义的权力观和施政理念。在这些论断中先哲们频频用到语法隐喻和词汇隐喻。名词化是最常用的表达方式。

7.4.2 目标任务的隐喻表征

目标是要通过努力达到的未来事物的状态或境地。为了达到所确定的目标就要完成一系列任务。政治语篇中目标和任务的表征常常采用名词化表达式来将其对象化。20世纪60年代初,党和政府在第三届全国人大一次会议上提出了新的奋斗目标,简称为"四个现代化",即"在不太长的历史时期内,把我国建设成为一个具有现代农业、现代工业、现代国防和现代科学技术的社会主义强国"(《中国共产党简史》编写组 2021:198)。"化"是"后缀,加在名词或形容词之后构成动词,表示转变成某种性质或状态"(《现代汉语词典(第7版)》)。"四个现代化"是典型的名词化短语,含有量词、数词。"现代化"在这里兼有动词的"过程"含义和名词的"实体"含义。这种语义浓缩性表达式简洁明了地表达了目标任务。这样的表达方式还有"五讲四美三热爱"(讲文明、讲礼貌、讲卫生、讲秩序、讲道德,心灵美、语言美、行为美、环境美,热爱祖国、热爱社会主义、热爱中国共产党)。这是20世纪80年代初,在党中央的重视和领导下开展的社会主义精神文明建设的目标(《中国共产党简史》编写组 2021:252)。

中国共产党第十三次代表大会决定以经济建设为中心,坚持四项基本原则,坚持改革开放。"建设""改革""发展"成为近四十年来许多政治语篇中的核心关键词。狄艳华、杨忠(2010)基于自建语料库的分析结果显示,在1978—2010年中国政府工作报告的33个文本中,"发展""建设""改革"出现频率分别为3 840次、2 750次、2 347次,排序为第一、第三、第四。这三个词的名词化用法在这些文本中较多。

"进入新时代,以习近平同志为核心的党中央总揽全局,科学决策,坚持统筹推进中国特色社会主义经济建设、政治建设、文化建设、社会建设、生态文明建设'五位一体'总体布局,推动中国特色社会主义事业全面发展、全面进步。"(《中国共产党简史》编写组 2021:392-393)这段话高度概括了中国特色社会主义建设的任务。五个方面任务的概括采用了名词化表达式。

7.4.3 行动纲领的隐喻表征

7.3节概括了政治语篇的基本逻辑推理过程是：动机前提（要达到目标G）+认知前提（做A则可实现G）→结论（应该做A）。国家发展规划纲要是明确国家发展目标、发展思路、行动纲领的权威性文件，是国家领导人和智囊团集体论证的结果。其主要内容是明确阐述目标和应采取的行动。表达应采取的行动自然要大量使用动词，但是在行文中行动往往需要用名词化表达式。下面分析2016年3月发布的《中华人民共和国国民经济和社会发展第十三个五年规划纲要》（http://www.xinhuanet.com//politics/2016lh/2016-03/17/c_1118366322_2.htm，访问日期：2021年4月29日）中的部分名词化表达式。

这个文件共20篇，第一篇概述指导思想、主要目标、发展理念，其余19篇都是要实施的战略和计划。19篇中有14篇的标题中用了名词化表达式："实施创新驱动发展战略""构建发展新体制""推进农业现代化""推进新型城镇化""推动区域协调发展""构建全方位开放新格局""深化内地、港澳、大陆和台湾地区合作发展""全力实施脱贫攻坚""提高民生保障水平""加强社会主义精神文明建设""加强和创新社会治理""加强社会主义民主法治""统筹经济建设和国防建设""强化规划实施保障"。这些标题的基本表述句式是祈使句，每一个标题都是动词加名词化短语做宾语。例如，"实施创新驱动发展战略"就是一个祈使句，宾语是"创新驱动发展战略"。这是一个偏正结构的名词词组，中心词是"发展战略"，"创新驱动"是名词化表达式做修饰语。因篇幅所限，不能一一分析每一个标题中的名词化表达式。不过这些标题的基本句式显而易见，第一个成分是及物动词，宾语中含有兼有"过程"和"实体"意义的名词化表达式。这样的宾语表达的是"事"而不是"物"。

下面选取第四章关于发展理念的阐述为例分析名词化表达式的概念凝练功能。

[5]　实现**发展目标**，破解**发展难题**，厚植**发展优势**，必须牢固树立和贯彻落实**创新**、**协调**、**绿色**、**开放**、**共享**的**新发展理念**。

创新是引领**发展**的第一动力。必须把**创新**摆在国家发展全局的核心位置，不断推进**理论创新**、**制度创新**、**科技创新**、**文化创**

新等**各方面创新**，让**创新**贯穿党和国家一切工作，让**创新**在全社会蔚然成风。

协调是**持续健康发展**的内在要求。必须牢牢把握中国特色社会主义事业总体布局，正确处理发展中的重大关系，重点促进**城乡区域协调发展**，促进**经济社会协调发展**，促进新型**工业化**、**信息化**、**城镇化**、**农业现代化**同步发展，在增强国家硬实力的同时注重提升国家软实力，不断增强**发展**整体性。

绿色是**永续发展**的必要条件和人民对美好生活追求的重要体现。必须坚持节约资源和保护环境的基本国策，坚持**可持续发展**，坚定走**生产发展**、生活富裕、生态良好的**文明发展道路**，加快建设资源节约型、环境友好型社会，形成人与自然**和谐发展现代化建设**新格局，推进美丽中国**建设**，为全球生态安全作出新**贡献**。

开放是国家**繁荣发展**的必由之路。必须顺应我国经济深度融入世界经济的趋势，奉行互利共赢的开放战略，坚持内外需协调、进出口平衡、引进来和走出去并重、引资和引技引智并举，发展更高层次的开放型经济，积极参与**全球经济治理**和**公共产品供给**，提高我国在**全球经济治理**中的制度性话语权，构建广泛的利益共同体。

共享是中国特色社会主义的本质要求。必须坚持**发展**为了人民、**发展**依靠人民、**发展成果**由人民共享，作出更有效的制度安排，使全体人民在**共建共享发展**中有更多获得感，增强**发展动力**，增进人民团结，朝着共同富裕方向稳步前进。

坚持**创新发展**、**协调发展**、**绿色发展**、**开放发展**、**共享发展**，是关系我国发展全局的一场深刻变革。**创新**、**协调**、**绿色**、**开放**、**共享**的新**发展理念**是具有内在联系的集合体，是"十三五"乃至更长时期我国**发展思路**、**发展方向**、**发展着力点**的集中体现，必须贯穿于"十三五"经济社会发展的各领域各环节。

这段话系统阐述了中国新时期的发展理念，回答了靠什么推进发展、为谁发展、要什么样的发展、发展什么、怎样才能发展等根本问题。每个发展理念的阐述都先给出定义，然后以祈使句表达贯彻该理念的行动。在发展理念的论述中，创新、协调、绿色、开放、共享分别做开头句的主语。除"绿色"外，其他四个都是名词化充当主语。"创新"用作主语引出话题，然后在论述中构成名词化短语充当动词"推进"的宾语,进一步明确靠哪些方面创新来推动发展,包括"理论创新""制度创新""科技创新""文化创新"等各方面创新。

五大发展理念的构词形式相同,都是以发展为中心词的偏正结构名词化短语。然而,其中的逻辑语义关系各异。"创新发展"可理解为因果关系,创新引领发展,创新推动发展。"协调发展"的内在逻辑语义关系不同于"创新发展",意指发展状况,强调区域、行业、领域之间的平衡,强调整体性。"绿色发展"强调可持续发展,强调人与自然的和谐。"开放发展"的逻辑语义关系也不同于"创新发展",强调发展的路径,这一发展理念是"一带一路"倡议的重要依据。"共享发展"的逻辑语义关系是动宾关系,强调发展为了人民。五大发展理念的表述形式充分体现了"发展才是硬道理"的论断,同时通过不同的内在逻辑语义关系全面深入地表达了发展的动力、本质、原则、目标、途径等极其重要的时代内涵,构成了系统性发展理论。可见,名词化表达式对于行动纲领的凝练和表征有不可或缺的作用。

7.5 政治语篇中的博喻:案例分析

上面两节讨论了政治语篇的基本逻辑推理模式以及语法隐喻在权力认知、目标任务表征、行动纲领表征中的作用。从所分析的实例中我们发现,语法隐喻和词汇隐喻往往同在语篇中发挥意义建构作用,而且作者连贯使用隐喻来进行说理。这种连贯使用隐喻的现象在英文中称为megametaphor(Worth 1994),汉语修辞学称为博喻(魏纪东 2009)。下面以《谏太宗十思疏》为例来分析政治语篇中的博喻如何助力于语篇的逻辑推理。

7.5.1 典籍政论文案例分析

《谏太宗十思疏》是中国典籍中最有代表性的政论文之一。这篇文章是魏征(580—634)写给唐太宗李世民的一篇奏议,全文共三段。文章的写作背景是,李世民登基后有些居功自傲,滋生了奢侈苗头。魏征为了提醒皇帝,大胆谏言。"文章深寓哲理,词锋犀利,[……]令人铭心刻骨。""据说唐太宗看到此文后有所感悟,亲自写了诏书答复魏征,承认自己的过失,并对魏征这种敢于直谏的精神表示赞赏,还把这个奏章放在案头上,经常对照反省。"(阴法鲁 1982:550)

[6] 臣闻:求木之长者,必固其根本;欲流之远者,必浚其泉源;思国之安者,必积其德义。源不深而望流之远,根不固而求木之长,德不厚而思国之安,臣虽下愚,知其不可,而况于明哲乎? 人君当神器之重,居域中之大,不念居安思危,戒奢以俭,斯亦伐根以求木茂,塞源而欲流长也。

凡昔元首,承天景命,善始者实繁,克终者盖寡。岂取之易,守之难乎? 盖在殷忧,必竭诚以待下;既得志,则纵情以傲物。竭诚,则吴、越为一体;傲物,则骨肉为行路。虽董之以严刑,振之以威怒,终苟免而不怀仁,貌恭而不心服。怨不在大,可畏惟人。载舟覆舟,所宜深慎。

诚能见可欲,则思知足以自戒;将有作,则思知止以安人;念高危,则思谦冲而自牧;惧满盈,则思江海下百川;乐盘游,则思三驱以为度;忧懈怠,则思慎始而敬终;虑壅蔽,则思虚心以纳下;惧谗邪,则思正身以黜恶;恩所加,则思无喜以谬赏;罚所及,则思无以怒而滥刑。总此十思,宏兹九得。简能而任之,择善而从之,则智者尽其谋,勇者竭其力,仁者播其惠,信者效其忠。文武并用,垂拱而治。何必劳神苦思,代百司之职役哉? (阴法鲁1982:551)

全文的基本逻辑推理模式是:自然界万物生存都需要条件;政权稳固也同样需要条件,即崇尚德义;如果君王能在十个方面严于自律,则可以国泰民安。这个语篇的推理模式基本等同于7.3节所概述的政治语篇逻辑推理。

文章开宗明义,将政权稳固作为话题,以连续的隐喻类比推理阐明政权稳固需要崇尚德义。源域包括"树之茂盛与根系""河之远流与泉源",靶域是"政权稳固与德义",映射的内容是事物生存及其条件。

第二段以史为鉴,阐述先前君王成败的缘由。其中用一个设问句"岂取之易,守之难乎?"引出下面的论述。难道取得政权容易,而保住政权难吗? 这个设问句的措辞借助于名词化表达式。"取之""守之"是名词化用作主语,"易""难"是形容词做谓语。第二段的结语"载舟覆舟,所宜深慎"旨在提醒唐太宗切记孔子所论述的政权与民众的关系好比是舟与水的关系。作者没有引用孔子的原话,不是他惜字如金,可能是他相信唐太宗仍熟记孔子的比喻。

第三段是谏言的内容,是政治语篇务实论证的结论部分,即"应该做A"。既然政权稳固的条件是崇尚德义,国家元首就应该自律。"十思"的谏言都是以复合句表达,前一个小句指出要做什么,后一小句指出应该考量什么。前一个小句相当于现代汉语中的条件句,后一个小句是祈使句。两个小句都包含动宾结构。"思"表达心智过程,在这个语篇中其宾语都是名词化表达式。表5可以直观显示"十思"的前提条件和思考内容的名词化表达。表中的黑体为名词化表达式,包括词组和小句。

表5 "十思"的前提条件和思考内容的名词化表达

前提条件	思考内容
见**可欲**	则思**知足**以自戒
将**有作**	则思**知止**以安人
念**高危**	则思**谦冲**而自牧
惧**满盈**	则思**江海下百川**
乐**盘游**	则思**三驱以为度**
忧**懈怠**	则思**慎始**而敬终
虑**壅蔽**	则思**虚心**以纳下
惧**谗邪**	则思**正身**以黜恶
恩所加	则思**无喜**以谬赏
罚所及	则思**无以怒而滥刑**

"十思"是魏征认为唐太宗应该自律的内容,其措辞借助于一系列的名词化表达式。该文堪称中国历史上的政论文经典。其严谨而有力的修辞说服了交际对象,充分发挥了政论文的作用,达到了预期交际目的。该

文的突出修辞手段就是连贯的词汇隐喻和语法隐喻。

7.6 结 语

　　本章首先分析了政治语篇的类型定位,指出政治语篇属于论说性语篇,概括了政治语篇的务实性、慎重性、创造性、前瞻性特质,分析了政治语篇的基本推理模式。然后从权力认知、目标任务表征、行动纲领表征三个侧面讨论了隐喻在政治语篇中的功能。最后进行了汉语典籍政论文案例分析,识别其中的词汇隐喻和语法隐喻,讨论两类隐喻在政治语篇意义建构和推理中的作用。分析结果表明,汉语政治语篇实例大量使用词汇隐喻和语法隐喻来增强说服力。

第八章

英汉语法隐喻对比分析

系统功能语言学认为语法隐喻是普遍现象（见 1.3.1 节）。然而,汉语语法学界关于名物化的争论说明汉语语法学界尚未将名物化视为普遍的修辞现象。本章首先论证语法隐喻的普遍性问题,然后讨论英汉语法隐喻对比的理论基础,在此基础上依据本书的语法隐喻分类对比分析英汉人际语法隐喻和概念语法隐喻。

8.1 英汉语法隐喻的可比性

对比语言学的任务是对两种或两种以上的语言进行对比,这一学科的基础在于语言之间可以比较。不过,"一般认为,将一种语言与另一种语言作整体上的对比,是不切实际的。一项具体的对比研究,一般总是在两个语言系统中选择某一部分来加以比较。这样,我们就必须保证,从两种语言中分别选出来的[……]语言现象,是可以比较的,所作的比较也是有意义的"(许余龙 2002: 24)。

Halliday & Matthiessen(1999)认为所有语言都有某种形式的语法隐喻,正如所有语言都有词汇隐喻一样。语法隐喻不是什么奇特现象,它是语言作为社会符号系统的一种本质,是拓展、丰富意义潜势的自然过程。

　　语法隐喻是既涉及语法规则又属于修辞手段的特殊语言现象。我们在第四章将语法隐喻定义为"跨越语法范畴的经验再识解表达方式"。在第二章我们综述了语法隐喻的理论研究成果和应用研究成果。这些成果多以英语语法隐喻为研究对象。在英语科技语篇中,跨越语法范畴的表达式比比皆是。第七章关于汉语政治语篇中的语法隐喻分析结果显示,古代汉语政治语篇和现代汉语政治语篇都频繁运用语法隐喻来建构语篇意义,以增强语篇的说服力。先前研究成果表明,语法隐喻在英语和汉语中都存在。据此,我们可以认为英语和汉语语法隐喻具有可比性。

8.2　英汉语法隐喻对比分析的理论基础

　　英汉对比研究兼有理论语言学和应用语言学的性质(杨自俭 2004)。对如何对比这一问题的回答取决于对"为什么对比"和"对比的是什么"的明确阐述。

　　英汉对比语言学的"主要任务是对英汉两种语言进行共时和历时的对比研究,描述并解释英汉语言之间的异和同,并将研究成果应用于语言和其他相关的研究领域"(杨自俭 2004:6-7)。如果对比研究的目的在于为语言教学、翻译、词典编撰提供可借鉴的成果,则首先侧重于对语言之间差异的描写和解释。刘宓庆(1996:24)指出人类语言都有共性,但是他强调"语言的生命力就在于它具有为另一种语言所无法取而代之的异质性。显然,语言的异质性必然充分体现了该语言赖以生存的文化母体的民族性"。可以说,异质性的存在促进了对比语言学的诞生和发展。依据这一认识,本书笔者提出意义研究的种族衍进视角。不同民族生活在不同地域,他们的经验世界并不完全相同,他们所建构的社会世界迥异,各自的语义系统必然存在异质性。然而,人类文明总体上经历了同一过程,不同种族的认知能力基本相同,所以不同语言之间存在普遍性。自然语言之间普遍性和异质性同在[见 Levinson(1997)中的萨丕尔-沃尔夫假说新解]。对比研究的目的决定研究的侧重。共性和差异都反映自然语言本质。首先着眼于异质性并不排斥解释普遍性。潘文国、谭慧敏(2006)推崇求同求异的方法论,认为对比语言学的终极目标是求"和"。出于这样的追求,他们给出对比语言学的新定义:

> 对比语言学是在哲学语言学指导下的一门语言学科,具有理论研究和应用研究的不同层面,旨在对两种或两种以上的语言或方言进行对比研究,描述其中的异同特别是相异点,并从人类语言及其精神活动关系的角度进行解释,以推动普通语言学的建设和发展,促进不同文化、文明的交流和理解,促进全人类和谐相处。(潘文国、谭慧敏 2006:252)

这个定义立意高远,明确表述了对比语言学的学科类型定位、任务、价值。唯一值得商榷的是"在哲学语言学指导下"这一表述,因为该著作中有关于研究理论的选择性的论述。指导对比语言学的可能不仅限于"哲学语言学",况且"语言哲学"是成熟的学科,"哲学语言学"这一术语还极少见于文献中。

对对比研究对象本质的认识也决定对比研究的方法。基于系统功能语言学的系统-语篇并协论,我们将语法隐喻现象视为语言使用的现象。语法范畴属于语言系统资源,跨越语法范畴的现象出现在语篇中,即语言使用实例中。系统功能语言学不赞同 Saussure 的语言-言语二分,认为系统和语篇都是语言现象。系统功能语言学的语言观非常接近中国哲学"体用一源,显微无间"的本体论观点,Saussure 的二元划分可能受西方本体论的影响。张岱年(2004:468)比较了中西本体论的差异,认为新黑格尔主义的本体论观点是"本体实而不现,现象现而不实"。中国的本体论不同于西方的本体论。

中国哲学认为,本体是实在的,现象也是实在的,并没有虚和实的区别。在中国讲本体与现象的区别是什么区别呢?是一种本末、源流的区别。一方面是本,一方面是末;本就是本来就有,末就是后来才发生的,后来才衍生出来的;源流,源就是起源,流就是后来产生的。中国大多数哲学家都认为本体是根本、是实在的,现象虽然不是根本,可

也是实在的,这是中国本体论的一个特点。(张岱年 2004:468)

基于这样的本体论观点,我们可以认定语法隐喻是实实在在的语言现象。语法隐喻作为跨越语法范畴的现象源于语法系统,衍生于语篇。因此,我们必须在语篇中观察分析这种鲜活的修辞手段。

8.3 英汉语法隐喻对比分析方法

上一节阐述了英汉语法隐喻对比的理论基础,本节交代所采用的对比研究方法。第一,对比材料的类型选择。许余龙(2002)认为可以作为语言分析依据的语言材料有两大类:一类是从语言实际使用中搜集来的实例资料,另一类是内省语料。我们采用实际语篇中的语料,或从各类体裁文本中选取,或从语料库中选取。

第二,本书依据系统功能语法来识别英语和汉语语篇中的语法隐喻。系统功能语法对语气、情态、及物系统有相对成熟的描写方法,而且对英语有较详尽的描写。这为进行英汉语法隐喻的对比奠定了基础。由于汉语语法界的语法隐喻研究尚未展开,而且汉语属于重意合的分析型语言,缺少形态标记,本书对汉语语法隐喻的识别基于功能句法分析方法,在类转换的识别方面,坚持邢福义倡导的"入句定类,入句显类"描写原则。在词类判别方面,本书参考中国社会科学院语言研究所词典编撰室编写的《现代汉语词典(第7版)》关于词类的标注。

第三,本书进行的英汉语法隐喻对比主要采用质性分析的方法,但在名词化对比分析中也采用基于语料库的量化分析方法。

第四,本书的英汉语法隐喻对比研究采用从意义入手的对比研究出发点。潘文国、谭慧敏(2006)讨论了六种对比研究出发点,从意义出发是其中之一。本书选择从意义出发进行英汉语法隐喻对比研究是因为这种对比研究方法契合第三章讨论的系统功能语言学研究范式。语法隐喻是语篇发生的产物,服务于语篇意义建构。语篇意义更具普遍性,而意义的表达方式更显示自然语言的异质性。

8.4 英汉人际语法隐喻对比分析

8.4.1 英汉语气语法隐喻对比分析

系统功能语言学将言语交际视为人际互动过程,在这一过程中交际双方的角色可以互换,或为信息/服务索取者,或为信息/服务提供者。提供信息或服务通常用陈述句,索取信息/服务一般用疑问句或祈使句。语言类型学认为这三种句子类型普遍存在,同时也指出语气与句子类型之间并非一一对应,在语用层面可以灵活运用句子类型来达到交际目的(Whaley 2009)。这印证了系统功能语言学提出的人际语法隐喻的语气隐喻。英语和汉语中都有大量的语气隐喻,例如,"Do you know how to work this TV?"在形式上是问句,但所表达的语用意义是请对方帮助打开电视(同上)。在相同的情景下,汉语中也可能用同样的句式"你知道怎么开这个电视吗?"来请对方帮助打开电视。

在言语交际活动中,某句话的言语行为与该句式通常传递的语气不一致就是语气隐喻。在英语语篇和汉语语篇中常见设问句和反诘句(rhetorical question),这两种问句实际上就是语气隐喻。下面我们以设问句和反诘句为例对比英汉语气语法隐喻。

设问句之所以被视为一种修辞手段就是因为它并不用于索取信息。它的作用是引导读者注意下文,"设问的特点是自问自答"。"英语修辞性设问[……]和汉语设问,都是故意掀起语言的波澜,使语势起伏不平、跌宕有力的修辞方法,无论在形式上和作用上都是一致的。"(胡署中 1993:394)英国哲学家、历史学家、作家 David Hume 在"Of the Dignity or Meanness of Human Nature"中有效地引用了设问句。

[1] *Is he also, say I, as insensible to anger as he pretends to be to friendship? And does injury and wrong no more affect him than kindness or benefits?* Impossible: He does not know himself; He has forgotten the movements of his heart; or rather he makes use of a different language from the rest of his countrymen, and calls not things by their proper names. *What say you of natural affection?* (I

subjoin) *Is that also a species of self-love?* Yes: All is self-love. Your children are loved only because they are yours; Your friend for a like reason; And *your* country engages you only so far as it has a connexion with yourself: Were the idea of self removed, nothing would affect you: You would be altogether inactive and insensible: Or, if you ever gave yourself any movement, it would only be from vanity, and a desire of fame and reputation to this same self. I am willing, reply I, to receive your interpretation of human actions, provided you admit the facts. That species of self-love, which displays itself in kindness to others, you must allow to have great influence over human actions, and even greater, on many occasions, than that which remains in its original shape and form.(杨自伍 1995:70-71)

Hume 在这篇文章中讨论人性这个道德哲学话题,主张人性以善为本,主张弘扬美德。文章从正反两方面来论述,以人类与动物、人与人比较来提出观点。文中通过采用设问句式来吸引读者注意,避免说教式文体。值得我们注意的是,这段话的中文译文中完全保留了设问句。

这么说吧,难道他对待愤怒如同他扬言对待友谊一样也是漠然的?难道伤害和冤屈对他的触动莫过于善意和恩惠?绝不可能!他并不认识自我:他已忘记了自己内心的活动;或者毋宁说,他对语言的运用不同于他的同胞,没有用应有的名字去称说事物。人之常情又当何论?(我附带问一句),莫非那也是一类自爱?不错:一切都是自爱。你爱你的子女,只因为他们是你的;你爱你的朋友也是出于相同的理由;你的国家只是在与你自身相关的程度上引起你的关注。倘若消除了自我这个概念,一切对你就会无所触动:你就会变得完全消极漠然;万一你有所举动,那只是虚荣使然,出于给这个相同的自我获得名望的意愿。我的答复是,我愿意接受你对于人类行为的解释,只要你承认下述事实。在对他人表示善意时的那类自爱,你必须承认它对人类行为具有很大的影响,在许多场合下,甚至超过它所保持的本来面目。(同上:76-77,杨自伍译)

反诘也是人际语法隐喻。这种形式在问而用意在启发的句式能加强语势,引发读者思考。中国古代散文中常常运用反诘。刘禹锡的《陋室铭》的结尾就用了反诘句"何陋之有?",韩愈和王安石的散文中也用反诘。

[2] 古之学者必有师,师者,所以传道受业解惑也。人非生而知之者,孰能无惑?惑而不从师,其为惑也,终不解矣。生乎吾前,其闻道也,固先乎吾,吾从而师之;生乎吾后,其闻道也,亦先乎吾,吾从而师之。吾师道也,夫庸知其年之先后生于吾乎?是固无贵无贱,无长无少,道之所存,师之所存也。(韩愈《师说》)
Ancient scholars certainly had teachers. A teacher is one who passes on the truth, imparts knowledge and solves puzzles. Man is not born with knowledge. Who can be free of puzzles? These would remain unsolved, should one refuse to be instructed by teachers. The men born before me surely know the truth before me, so I respect them as teachers, while those born after me may also know the truth before me, I likewise respect them as teachers. It is the truth that I endeavour to learn. Must I know beforehand whether my teacher was born before me or after me? Therefore, no distinction should be made between the noble and the humble or between the young and the old. Where lies the truth, there is a teacher. (谢百魁 2014a: 209)

[3] 世皆称孟尝君能得士,士以故归之,而卒赖其力以脱于虎豹之秦。嗟乎!孟尝君特鸡鸣狗盗之雄耳,岂足以言得士?不然,擅齐之强,得一士焉,宜可以南面而治秦,尚何取鸡鸣狗盗之力哉?鸡鸣狗盗之出其门,此士之所以不至也。(王安石《读孟尝君传》)
Prince Mengchang used to be praised by people for being capable of winning over talents, who therefore affiliated themselves with him. And he was consequently freed from the clutches of that tiger-like State of Qin. Alas, Prince Mengchang was but a hero among spongers who were adept at mimicking dog's barks and cock's crows. How could he be said to be capable of recruiting talents? Had he procured but one talent, he would have assumed the crown and subjugated Qin by relying on the strength of his State of Qi. In

that case, what need was there for him to seek the help of those spongers? It was the reception of such spongers that stopped the coming of the elite of the society! (谢百魁 2014b: 343)

这些实例表明,在英语和汉语语篇中作者都运用设问句和反诘句来表达人际意义。作者可以通过设问来引导读者的注意,通过反诘来强化语气,引发读者思考。值得注意的是,这些语篇的译文用了与原文等同的设问和反诘句式。这说明译者高度重视在译文中寻求人际意义等同,同时也说明英汉语篇中同样存在语气语法隐喻。

8.4.2 英汉情态语法隐喻对比分析

情态是描写事物的命题的状态(Palmer 2007)。在语言类型学中,情态被视为具有普遍性的语法范畴(Whaley 2009)。命题的状态可分为现实性和非现实性(realis and irrealis)。现实性命题描述已发生或正在发生的事物。非现实性命题描述纯粹想象的事物,言者/作者对事物发生的可能性作出判断。

Halliday(1994)分析了英语情态意义系统,主要包括情态动词和语气附加语(modal adjunct)。英语情态动词分为三个等级,高: must, ought to, need, have to;中: will, would, should, be to;低: can, may, could, might, dare。

马庆株(1992)描写了汉语能愿动词,认为这类动词是"只能后加谓词性成分的非自主动词","不能自由构成肯定祈使句"(1992: 49 – 50)。他将汉语能愿动词分为六类:

可能动词 A 类(可能);
必要动词(得、应、应该、应当、须得、必得、要、犯得着);
可能动词 B 类(会、可、可以、可能、能够、好、免不了、得以、容易、来得及);
愿望动词(乐意、愿、愿意、情愿、想、想要、要、要想、希望、企图、好意思、乐得、高兴、乐于、肯、敢、敢于、勇于、甘于、苦于、懒得、忍心);
估价动词(值得、配、便于、有助于、难于、易于、善于、适于、宜于);

许可动词(准、许、准许、许可、容许、允许)。

语气附加语与归一性(polarity)、情态、语气等意义关系紧密。Halliday (1994：82–83)将语气附加语按意义分为十种：

1) 归一性：not, yes, no, so
2) 或然性：probably, possibly, certainly, perhaps, maybe
3) 惯常性：usually, sometimes, always, never, ever, seldom, rarely
4) 意愿：willingly, readily, gladly, certainly, easily
5) 倾向性：definitely, absolutely, possibly, at all costs, by all means
6) 时间：yet, still, once, soon, just
7) 典型性：occasionally, generally, regularly, mainly, for the most part
8) 明显性：of course, surely, obviously, clearly
9) 强度：just, simply, merely, only, even, actually, really, in fact
10) 程度：quite, almost, nearly, scarcely, hardly, absolutely, totally, utterly, entirely, completely

彭宣维(2000：125–126)依据Halliday的上述划分列出了汉语语气附加语：

1) 归一度[性]：不,非,无,未,勿,莫,休,毋,免,弗,匪,没,没有,未曾,未尝；是,为,乃,系,则,属,即,算,作,当,等；
2) 或然性：也许,或许,或者,或则,或,许是,可能,恐怕,恐,想必,兴许,(说不定,讲不定,)大概,大约,大略,约莫,大致,大体,大率,八成,光景,约,等；
3) 惯常性：经常,时常,每常,常常,时时,每每,不时,时不时,时,常,一再,再三,多次,屡次,屡屡,累累,比比,频繁,反复,屡,累,迭,频,几次三番,三番五次,向来,素来,历来,自来,从来,根本,一向,起根,平素,平生,素,向,从,一贯,偶然,偶尔,偶,间或,有时；鲜,少,从不；
4) 意愿：宁可,宁愿,宁,情愿,当然,自然,特意,特地,特别；
5) 倾向性：绝对,必然,决然,自然,势必,必将,必定,肯定,一定,准定,定,必,一准,准定；可能,或许,也许,未必；难保,难说,等；

6) 时间：还,仍,尚,仍然,依然,仍旧,依旧,还是,照旧,照例,照样,循例,犹;已经,曾经,业经,也已,早就,已,既,曾,就,都,既已,方才,刚才,适才,才,刚,刚刚,顷,方,正,正在,在,着,了,过,旋,即,旋即,等;

7) 典型性：偶然,一般(一般说来),一贯;

8) 明显性：显然,明明;

9) 强度：正好,刚好,正,刚,恰恰,凑巧,可巧,碰巧,偏巧,赶巧,正巧,可好,巧,适,偏偏,偏生,偏;仅仅,只,单,独,光,止,就,仅,但(但求无过),才,徒,特,惟,单单,不过,唯独,惟有,只有,只是,无非,单独,一位,甚至,乃至,甚而,甚或;实在,委实,着实,确实,的确,确乎,真个,当真,真正,真,简直,直,直接,确委,洵,审,诚,诚然,其实,实则,实在,实际,等;

10) 程度：很,最,顶,极,尽,绝,太,甚,颇,挺,好,老(早),殊,煞,大(不同),酷(热),蛮,多么,多,透顶,绝顶,极其,极端,极度,之极,之至,之尤,卓绝,无上,无比,无拟,无朋,无限,完全,彻底,非常,异常,特别,格外,分外,十分,万分,不胜,无任,充分;相当,比较,较为,较,稍微,稍为,稍许,稍稍,约略,约约,微微,些须,些许,有点,有些,多少,稍,略(略知一二),微,粗(粗具规模),小(小住),聊(聊表寸心);全然,彻头彻尾,截然,全盘,通通,统统,都,净,全,统,均,备(艰苦备尝),皆,俱,咸,胥(万事胥备),佥(所谋佥同),全都,一总,一概,一律,毕,了(了无惧色),悉,竟(竟日),穷(穷尽),概(概不退还);好生,好不,至多,最多,至少,起码,最少;几乎,近,几,殆,险些,险,等。

上引对比结果表明,英汉情态意义表达系统都很丰富。汉语的情态动词和情态附加语比英语数量多,表达强度和程度的词语系统比英语此类词语系统复杂得多,反映出汉语表达人际意义更细腻的特点。

系统功能语言学认为,英语情态意义有四种取向,即显性主观、隐性主观、显性客观、隐性客观。情态语法隐喻表达情态取向的转移(实例见1.2.2)。下面我们来看汉语中的情态语法隐喻。

[4] 黛玉笑道:"大节下,怎么好好的哭起来?**难道是**为争粽子吃争恼了不成?"

宝玉和袭人嗤的一笑。林黛玉道:"二哥哥不告诉我,我只问你也就知道了。"一面说,一面拍着袭人的肩,笑道:"好嫂子,你告诉我。**必定是**你们两个拌了嘴,告诉妹妹,替你们和劝和劝。"袭人推她道:"林姑娘,你闹什么?我们一个丫头,姑娘**只是**混说。"黛玉笑道:"**你说你是**丫头,**我只拿你当嫂子待**。"(《红楼梦》第三十一回)

  黛玉与袭人的这段简短对话中就用了情态语法隐喻。黛玉在猜测宝玉与袭人之间刚发生了什么的话语中先用疑问句,接着探寻性发问"难道是为争粽子吃争恼了不成?"。其中的"难道是"是隐性主观情态取向,是玩笑性发问。接下来,又向袭人问真情,"好嫂子,你告诉我。必定是你们两个拌了嘴[……]。"这里用的"必定是"属于显性客观取向。对于黛玉对自己的称呼袭人不接受,感到里边有弦外之音,于是立刻申明自己的身份:"我们一个丫头,姑娘只是混说。""只是混说"属于隐性主观取向。对此,林黛玉的回话更明确地道出了她的看法。"你说你是丫头"是投射句式,表明那是你自己的看法。"我只拿你当嫂子待"表明黛玉如何看待袭人。这两句都属于显性主观情态取向。

  命题情态分为认知型情态(epistemic modality)和证据型情态(evidential modality)。前者指言者对命题事实状态的判断,后者指言者的判断依据(Palmer 2007)。在新闻语篇中,记者为了增强所报道信息的客观性和可靠性常常采用投射句式将两种情态融入复句之中。下面对比2009年3月30日《光明日报》(第5版)和2009年3月29日 China Daily (Front Page)关于手足口病的报道中的情态语法隐喻。

[5a] **来自卫生部的数据显示**,从今年1月1日至3月26日12时,全国30个省份(除西藏)共报告手足口病41 846例,其中重症94例;报告病例以5岁及以下儿童为主(占93.96%);截至3月26日24时,报告死亡病例18例。

[5b] **专家分析各种数据后认为**:目前我国手足口病防控形势比较严峻,疫情正在处于上升阶段,但手足口病**可**防**可**控,公众**不必**恐慌。

[5c] 什么是手足口病?**据中国疾病防控中心副主任杨维中介绍**,手足口病是由肠道病毒(如EV71、柯萨奇16等)引起的常见急性传染病,**多**发于学龄前儿童,**尤**以3岁以下年龄组发病率最高。

病人和隐性感染者均为传染源,**主要**通过消化道、呼吸道和密切接触等途径传播。主要症状表现为手、足、口腔等部位的斑丘疹、疱疹,少数患儿**可**出现脑膜炎、脑炎、脑脊髓炎等临床表现,个别患儿**可**发生死亡。

[5d] **北京地坛医院感染性疾病诊疗中心主任、主任医师李兴旺强调**,对重症病例早发现、早治疗**能够**对降低病死率有特别重要的作用。

[5e] **专家提醒公众**,手足口病**可**防**可**控,公众**不必**恐慌。预防手足口病**要**勤洗手,保持口腔清洁,**多**饮白开水或清凉饮料,**多**吃新鲜蔬菜水果。同时注意居室内空气流通、温度适宜,**经常**彻底清洗儿童的玩具或其他用品,在手足口病流行季节,家长**应**尽量少让孩子到人群拥挤的公共场所,以减少感染机会。此外,**还要**注意婴幼儿的营养、休息,防止过度疲劳而降低免疫力。接触幼儿的家庭成员**也要**注意个人卫生。

[6a] China *is facing a serious situation* in the control of hand-mouth-foot disease (HFMD) with 41,846 cases reported so far this year as of Thursday, resulting in the deaths of 18 infants, *a senior health official said on Friday.*

[6b] "The epidemic is getting *worse* and infections *are expected to peak* between May and July," *Deng Haihua, director of the information office of the Ministry of Health (MOH), told a press conference.*

[6c] At present, around 2,000 to 3,000 new HFMD cases are being reported daily, *according to statistics from the Chinese Center for Disease Prevention and Control (CDC).*

[6d] "From now on, the daily reported cases *will* keep increasing in the relatively long term," *said CDC Deputy Director Yang Weizhong.*

[6e] He said that the unusually high winter and spring temperature *may* have caused the outbreak.

[6f] *Vivian Tan, communications officer of the WHO office in China, said:* "The actions China has taken *are quite effective.*"

对比两篇新闻报道,我们可见一些共同点:

1) 英汉两个语篇中认知型情态和证据型情态都揉在小句复合体

中,使报道总体上呈隐性客观的情态取向;

2)英汉两个语篇中的认知型情态都是关于该流行病原因的推测、严重程度的判断、发展趋势的判断;

3)虽然英汉两个语篇整体上都力图显得客观,但是有些句式中具有隐性主观判断。凡是具有主观判断的命题,都给出来源,都有明确的证据型情态表达方式。

两个语篇中也可以发现细微差异:

1)汉语语篇中的证据型情态都采用投射句式,在句子开头表达。英语语篇中的证据型情态有的采用投射句式,在句首,有的采用直接引语,投射句在复句末尾。

2)汉语语篇采用的证据型情态表达词语(显示、认为、介绍、强调、提醒)比英语更丰富(said,told,according to)。

3)汉语语篇中有关于症状及防控措施的报道,而英语语篇中没有。英语语篇中有关于中国采取的措施的评价,而汉语语篇中没有。这印证了语域理论关于语旨与语篇内容选择的解释。汉语语篇的读者群体是中国公民,直接面临该疾病的威胁,他们急于了解该病的症状和预防措施。China Daily 的读者绝大多数在国外,他们不需要了解这类具体信息,他们更关注该流行病的发展趋势和防控结果。

8.5 英汉概念语法隐喻对比分析

我们在 4.3.3 节中陈述过,概念语法隐喻分为及物性转化和类/级转移两种类型。本节对比分析英汉语篇中出现的两种概念语法隐喻。

8.5.1 英汉及物性转化对比分析

Halliday 提出语法隐喻的概念时给出的第一个例子是"The fifth day saw them at the summit."。他指出,这句话看上去似乎不符合语法,因为小句的谓语动词 see 表达心理过程,而主语 the fifth day 却是无意识的。day(天)是不可能 see(看)的。讲英语的人都知道这句话是隐喻，可以拆解为"On the fifth day they arrived at the summit."。他还指出，要把这个英语句子翻译成汉语可以有两种处理方法。第一种方法是先将其拆解为一致式表达，然后译成汉语，可以译为"第五天他们到达了山顶"。第二种方法是直接将隐喻式翻译为汉语，然后按汉语习惯做修改。这样就可译为"*第五天看见他们在山顶上"。后一句总不如前一句听上去自然。那么，问题就出现了：汉语中有没有类似的及物性转化呢？

改革开放以来，人们的时间观念加强了。有人说，时间就是发展，时间就是前途，时间就是命运。这三个排比句都是关系过程。在识解事件的小句中时间通常为条件(circumstance)，而在这三个排比句中"时间"充当主位，成为反复谈论的话题，突出强调要抓紧时间，提高效益。最后一句的主位仍然是"时间"，仍然是关系过程，再次强调时间观念的重要性。整段话主题突出，措辞严谨，简洁生动，振聋发聩。此例说明，汉语语篇中的及物性转化型语法隐喻也是重要的措辞手段。

8.5.2 英汉类/级转移对比分析

第四章讨论了语法隐喻新的分类，将概念语法隐喻分为及物性转化和类/级转移两种类型。及物性转化是小句层的同级转化，即某事件可以用一种过程识解却用了另一种过程识解。在英语中言辞成分的转类常常伴随级转移。传统语法认为小句的主要成分是主语、谓语，分别表达"什么/谁"和"怎么样"。谓语常搭配宾语。主语和宾语通常由名词词组充当，谓语由动词充当。功能语法认为小句的核心是过程，由动词体现，过程的参与者通常由名词词组体现。系统功能语言学研究证明，动词在语篇中的名词化用法比比皆是。本节先对比英汉名词化，然后对比名词的动词化用法。

8.5.2.1 英汉名词化对比分析

Halliday & Matthiessen(1999)认为名词化是最具代表性的语法隐喻，因为它可以将过程、属性等转化为实体，以便分类、描述、评价。他们指出，英语名词化已完全语法化。叶斯柏森在《语法哲学》中将名词化表达式称为连系式名词(nexus-substantive)，认为这种表达式便于表达复杂的思想。

这种转化可以提升品级。他比较"The doctor's extremely quick arrival and uncommonly careful examination of the patient brought about her very speedy recovery."(医生很快的到来以及对病人非同一般的仔细检查导致了她的非常迅速的康复)与"The doctor arrived extremely quickly and examined the patient uncommonly carefully; she recovered very speedily."(医生来得相当快,非同一般地仔细检查了病人,她恢复得非常快)这两种表达方式,认为前者是品级更高的表达方式(叶斯柏森 2010)。可见,英语语法学早已注意到名词化现象。然而,汉语语法学界对名词化现象还没有重视。第二章回顾了汉语语法学界关于名物化的争论。进行英汉名词化对比分析必须回答的首要问题是:汉语中存在名词化吗?

本书的回答是肯定的。依据首先来自《马氏文通》。这部填补空白的汉语语法专著借鉴了欧洲传统语法,词法占据大量篇幅(九章),只有一章讲句法。前言开宗明义地道出这样安排的理由:"惟字之在句读也必有其所,而字字相配必从其类,类别而后进论夫句读焉。""是书所论者三,首正名,次字类,次句读。"(马建忠 1983:15)所以,该书第一章先谈字类划分,然后逐一论述各类字的细分及其句法功能,最后一章谈句子结构。

《马氏文通》在论述动词及其在句中的功用时谈到了动词充当主语等成分的用法。第四章(实字卷之四)从语义和句子结构两个角度来论述动词的性质及其分类。

> 动字者,所以言事物之行也。物生而动,物之性也,动斯行矣。夫行,非必有自此达彼之形迹可指也,凡事物之自无而有,自有而无,皆有彼此之分而可以意之者,亦所谓行也。行之所包者广,故动字之为数,至为繁巨,然要不出乎两种。[……]一其动而止乎内也,曰内动字。一其动而直接乎外也,曰外动字。而凡受其行之所施者,曰止词,言其行之所发者,曰起词。(马建忠 1983:144)

用当代语法术语来理解,这段论述将动词分为及物动词和不及物动词。主语是动作发出者,宾语是动作承受者。马先生还将动词在句中的用法分为"坐动"和"散动"。

> 一句一读之内有二三动字连书者,其首先者乃记起词之行,名之坐动;其后动字所以承坐动之行者,谓之散动。散动云者,以其非直承

自起词也。(同上:208)

可见,马先生注意到动词在句中还可以充当谓语之外的成分。他指出:"散动直承动字,与止词无异。""散动有用如起词者[……]。"他的例证是,"齐宣王问曰:'交邻国有道乎?'"。他认为"交"是"外动字","邻国"是"止词"。"有"是"坐动","道"是"止词"。"交邻国"是"有"的"起词"。"交"是"散动",做"有"的"起词"。至此,我们可以说《马氏文通》已经论及汉语动词的名词化现象,尽管所用的术语不同。

《自指和转指——汉语名词化标记"的、者、所、之"的语法功能和语义功能》(朱德熙 1983/2001)一文也肯定了汉语名词化的存在。朱德熙(1961/2001:215)曾完全不赞同名物化这一术语,认为"名物化的说法跟目前的词类系统之间是有矛盾的。如果名物化的说法是作为对于目前划分出来的名词、动词、形容词三个词类的语法性质的描写提出来的,那么这种描写是不符合事实的"。二十年后,朱先生发文讨论名词化的形式标记。"我们认为,汉语的动词、形容词本身可以做主宾语,也可以名词化以后做主宾语。不过凡是真正的名词化都有实在的形式标记。所谓'零形式名词化',对于汉语来说,只是人为的虚构。"(朱德熙 1983:16)

可见,朱先生对于名词化的看法发生了变化,由完全否定转为部分肯定。不过,由于仍坚持词本位的研究范式,他仍不认为词可以不经形式标记而入句转类,所以只讨论汉语名词化标记,而不相信汉语有零形式名词化。他将有形式标记的汉语名词化按意义分为自指和转指两种类型,这为英汉名词化对比分析提供了新的启示。

国外汉语语法学者肯定汉语中存在名词化。Li & Thompson(1981:575)讨论了汉语的名词化。"一个动词、动词短语、句子、含有动词的句子组成部分可以在句中用作名词词组,每一种语言都有这样的语法过程。这样的语法过程称为名词化。当然,不同语言采用不同的名词化策略。"(笔者译)该书作为现代汉语教学语法书,集中分析了"的"标记的汉语名词化表达式,认为这样的名词化可以做主语("我卖的是中国货")、宾语("你没有我要的")、定语("今天赢的人运气好")。Norman(1988:105)分析了古汉语中的名词化标记"之""者""其""所"。该书主张从句法功能视角来分析词类转化现象。"如果一个动词在句中处于名词应在的位置,那就应该认定它的名词性意义。例如,它在主语或宾语位置上,那正常的英文译法是不定式或动名词:好学'fond of studying',求救'request to be saved'。"(笔者译)

至此,我们可以肯定地说汉语也同样有名词化现象。接下来要讨论的问题则是:英汉名词化有何异同?

(1) **英汉名词化表达式都具有语义融合性**。Halliday & Matthiessen(1999:242-264)论述了名词化的动因,认为"事物比属性易于分类,属性比过程易于分类,过程比条件易于分类。以名词化表达式识解非事物现象,语法隐喻则不可避免地更抽象"(笔者译)。名词化表达式构建了"想象物或臆造物"。这种臆造物不同于物质世界业已存在的物,它存在于交际者的心理世界,本质上比自然物更抽象。名词化表达式识解的意义兼有"过程/属性"和"事物"双重意义,具有语义融合性。"development"和"发展"都有过程意义,在句中做主语或宾语都有事物的意义。名词化和名词都在句中发挥指称的作用,动词做谓语发挥述说的作用。在"中国的快速发展令世界瞩目(The rapid development of China attracts world's attention.)"中,"发展"是主语,发挥指称作用。"中国发展很快(China is developing rapidly.)"中的"发展"是谓语,发挥述说作用。对应的英文句子中名词化和动词也同样分别发挥指称和述说的作用。

(2) **英汉名词化标记有明显差异**。英语名词化形式标记很多,而汉语名词化标记形式很少。笔者及合作者基于英语语料库(Freiburg-LOB Corpus of British English)和汉语语料库(The Lancaster Corpus of Mandarin Chinese)分析了英汉语篇中事件名词化表达方式的形式标记①。结果显示:英语派生法名词化表达式出现1 338次,占87.4%,转化法名词化表达式出现177次,占12.6%;汉语转化法名词化出现1 165次,占99.7%,派生法只有3次,占0.3%。需要说明的是,我们采用"入句定类、入句变类"的功能分析方法,出现在主语、宾语位置上的动词都视为名词化,不同于朱德熙(1983/2001)的词本位分析法。朱先生认为没有形式标记的主、宾位置上的动词仍是动词。我们认为没有标记的转化恰恰是分析型语言的本质特征。动词处于主、宾位置已不发挥述说作用,发挥的是指称作用,其语义性质已发生转化,因此视为名词化更符合逻辑。汉语中无标记的名词化都属于朱先生所说的自指型,例如,"**发展**才是硬道理(Development is the first and foremost principle.)","没有**调查**就没有**发言**权(One has no right to air his opinion without investigation.)"。汉语中这种无标记的自指型名

---

① 基于语料库的英汉名词化对比研究结果曾发表于《外语教学与研究》,2011(6):803-813。

词化表达式翻译成英文则都是有标记的。

英语中自指型形态标记很多,按构词法来分有屈折后缀(inflectional suffix)和派生后缀(derivational suffix)。-ing 是最活跃的屈折后缀,可以用作实义动词后缀,构成 V-ing 形式。V-ing 在传统语法中分为现在分词和动名词,在句中用作动名词就是名词化。-ing 标记的名词化属于自指型。

英语的名词化派生后缀很多。最典型的形容词名词化后缀是-ness,例如 friendliness。形容词名词化都属于自指型。最典型的英语动词名词化派生后缀是-tion,它标记的名词化属于自指型,例如 investigation。常用的自指型动词名词化后缀有-age,-al,-ance/ence,-ment,-ure。常用的转指型动词名词化后缀有-ee,-er,-ant/-ent,-ery 等。

汉语中最多见的名词化标记是"-的"。"-的"标记的名词化有转指和自指两种。"V(P)的"所表达的转指意义范围较广,包括施事、受事、与事、工具等(朱德熙 1983/2001),例如"游泳的""借来的""跟你打招呼的""搅拌的"。自指的"V(P)的"只做定语,例如"开车的技术""实验的设备""舞蹈的动作""到达的时间""爆炸的原因"。张敏(1998)认为绝大多数词类带"-的"自指型名词化在语句中可以省略"-的"。如果小句名词化做定语,"-的"则不可省略,例如,"洗过三次的衣服""今年生产的汽车"中的标记就不能省略。

"-者"是古代汉语和现代汉语中都频频使用的名词化标记。朱德熙(1983/2001: 520)认为"-者"标记的名词化有转指和自指两种。"知者乐水,仁者乐山。知者动,仁者静。知者乐,仁者寿。"(《论语·雍也》)这段话中的"-者"为转指名词化的标记,"仁者"指有"仁"这种德性的人。"仁者,人也,亲亲为大;义者,宜也,尊贤为大。"(《礼记·中庸》)这里的"-者"为自指名词化的标记,"仁者"指"仁"这种德行本身。在现代汉语中"-者"只标记转指型名词化,例如:作者、学者、记者、患者、读者、独裁者、获奖者、先进工作者等。类似的转指标记还有:-员(教员、伤员、学员、随员、议员、译员、演员、裁判员、办事员、保管员、保育员、服务员、教导员、教练员、司令员、饲养员、领航员、观察员、研究员、投递员等);-人(证人、病人、学人、游人、买卖人、继承人、代理人、代言人、发言人、公诉人、保证人、过来人、宣誓人、读书人、监护人、接班人、批准人等);-士(修士、教士、护士、骑士、隐士、助产士、战士、居士等);-生(考生、医生、学生、走读生、研究生等);-手(打手、猎手、扒手、射手、助手、帮手、吹鼓手等);-子(贩子、骗子、游子、学子、探子等);-家(作家、画家、赢家、活动家、收藏家、观察家、批评家等);-主(雇主、顾主、买主、卖主、得主、失主等);-**师**(导师、医师、讲师、教师、护理师、麻醉师、理发师等),-**头**(把头、捕头、包工头等),-**品**(补品、贡品、宣传品、代食品、赝品等);-**商**(供应商、批发商、赞助商等)。转指型名词化表达式指称意义较为具体,有的已列入词典成为普通名词(如"领航员"),有的尚未列入(如"赞助商")。

(3) **英汉名词化表达式伴随的描述略有差异**。由于名词化表达式兼有"过程"和"事物"意义,其描述性词语可以分为与过程意义紧密关联和与事物意义紧密关联两类。前者包括涉及施事/受事("案件调查""检察院的调查")、发生时间("前天的调查")、发生地点("那里的调查"),后者包括抽象性描述("深入调查")、评价性描述("有效调查")。基于上述两个语料库,比较"调查"和"investigation"的描述词语发生次数,得到的结果见表6。

表6 英汉名词化案例的描述词语发生次数对比

	涉及施事/受事	发生时间	发生地点	抽象性描述	评价性描述
调查	5	8	7	25	10
investigation	7	5	6	16	5

可见,汉语"调查"的名词化用法比"investigation"有更多的抽象性描述和评价性描述。两个名词化都没有普通名词词组中常有的具体物质性描述,说明英汉名词化表达式语义抽象。

(4) **英汉名词化表达式的量化描述都少于普通名词词组**。量化描述是名词词组的重要成分。名词指称事物,空间性较强。动词指称过程,时间性更强。由于名词化同时具有空间性和时间性,其量化描述少于普通名词词组。语料库统计结果显示,英汉名词化表达式的量化描述都明显少于名词词组的量化描述,详见表7。

表7 英汉名词化表达式与普通名词词组的量化频数比较

	出现频数	量化频数	量化比例
汉语名词化表达式	1 397	119	8.6%
汉语普通名词词组	11 785	2 474	21%
英语名词化表达式	1 373	164	12%
英语普通名词词组	12 648	3 794	30%

可见,名词化表达式与普通名词词组相比具有弱空间性的特征,量化描述频数明显少于普通名词词组。相比之下,英语名词化表达式的量化比例高于汉语名词化表达式的量化比例,说明英语的名词化比汉语的名词化的抽象程度更高。

(5) **英汉名词化表达式的语境定位存在差异**。语境定位(grounding,见 Langacker 1991)就是在语篇中"安置"话语内容的过程(张辉、齐振海 2004:3),是交际双方对交流中所谈及的事物之间建立心理接触的过程。英语名词化表达式的主要语境定位方式是"指示"(reference),具体体现为指示代词、冠词、所属格代词、数词等,例如 these three transformations、the presentation、an impact、my conclusion。汉语名词化的语境定位方式为指示代词或零限定,例如"那些顾虑""这一决定""发展中国家"。英语中语境定位词语出现最多的是冠词,而汉语中多为零限定。"how to make an impact at the beginning and bring the presentation to a suitable close"中定冠词出现两次,不定冠词出现两次。译成汉语相应的名词化表达式都为零限定("怎样在演讲的开始就吸引住听众,并且合理而得体地结束演讲")。Hall(1976)将自然语言分为高语境和低语境两种类型。英汉名词化表达式的语境定位差异反映了两种语言的语境依赖性差异。汉语交流属于高语境交流,表达间接含蓄,语境作用极强。英语交流基本属于低语境交流,表达方式直接、明晰,语境定位词语较多。

(6) **英汉自指名词化名化度低于转指名词化名化度**。名词作为一个词类是一个范畴。Rosch(1975)论证了范畴成员的隶属度及范畴界限的模糊性。名词化属于名词范畴的非典型性成员。不同类型的名词化具有不同程度的名词属性,因此名化程度有别。动词名词化则失去部分过程属性,时间性变弱,同时获得事物属性,空间性增强。英汉转指型名词化获得较多名词属性而失去较多过程属性,所以名化度较高。英汉自指型名词化获得事物属性相对较少而过程属性保留较多,所以名化度较低。我们以"trainer""training"和"作家""讨论"为例来看名化度的差别。trainer 完全失去动词 train 的时体特征,具有名词的所有句法特征,可以用冠词或指示代词限定,可以用数词量化,可以有复数标记,可以用形容词修饰,于是可以组成名词词组 the three British aviation trainers。training 可以用冠词或指示代词限定,可以用形容词修饰,但是不能用数词量化,也不能用复数标记,于是可以组成名词化词组 the timely adequate training of those astronauts。training 可以有宾语、状语,于是可以组成名词化词组 training

astronauts here within eight months。同理,"作家"可以受物量词修饰,"讨论"受动量词修饰,于是可以说"十个作家""五次讨论"。"讨论"可以带宾语、补语,于是可以组成含有自指型名词化词组的句子"**讨论企业下一年计划是马上要做的事**""**讨论清楚**是第一步"。显然,"training""讨论"比"trainer""作家"名化程度低,保留了过程属性,较多获得了事物属性。从历时角度来看,转指型名词化是构成名词的方式之一。

8.5.2.2　英汉动词化对比分析

2.3.2.5 节阐述了关于语法隐喻转类的双向性。关于实体转化为过程即名词动词化的研究还很少。本小节对比分析英汉动词化现象。首先,我们需要明确回答英汉两种语言中是否都存在动词化现象,然后分析英汉动词化的同异。

词类的划分及句中词类的识别需要依据。叶斯柏森(2010)不赞同单以形式为标准划分词类,主张兼顾形式、功能、意义。"语法类别不是一成不变的。语法往往可以把一类词变成另一类词(注意:形式上可以有变化,也可以没有变化,重要的是句法功能上的变化)。"(韩礼德 2015:15)《马氏文通》(实字卷之五)论述"动字假借",认为其他词类可以用作动词。"动字既类,其用不紊,其为体也无方,名字、代字、静字、状字皆假借焉。"(马建忠 1983:191)所举实例颇多,择取其中数例:

名字转为动字:"徽二子者,楚不**国**矣。""不**德**者,不施德也。"
"诸侯用夷礼则**夷**之进中国则**中国**之。"
静字转为动字:"大学之道,在**明**明德。""**老**吾老,**幼**吾幼。"
状字转为动字:"贤者以其昭昭使人**昭昭**,今以其昏昏使人**昭昭**。"
"至道之精,**窈窈昏昏**,至道之极,**昏昏默默**。"

以上各例中,黑体词都转义用作动词。邢福义(1997:167)从意义、形式、功能三个方面界定动词。"动词是表示行为活动的词。"动词有两方面语法特征。一是带"着、了、过",可以用"不"等词构成否定式,可以重叠。二是充当句子谓语或谓语中心。用这样的标准来看,上例中的黑体词都转为动词。据此可以说汉语中动词化现象早已存在。

接下来,我们讨论英汉动词化的相同点与不同点。英汉动词化频频发生,为了便于对比分析,我们选择英汉基本颜色词动词化作为观察分析对象。选择颜色词进行英汉动词化对比有两点考虑:第一,颜色词系统最能反映一个自然语言的语义普遍性和相对性(见 Berlin & Kay 1969);第二,颜色是与人的感官以及文化紧密关联的客观存在(见 Lakoff 1987)。

(1) **英汉动词化语义转化相同**。英汉名词或形容词在句中用作动词,其语义都由实体或属性转为过程。英语动词化就具有了动词的时、体、语态等变化。[7]—[13]中的颜色词都用作动词,有相应的形态变化。

[7] The miners' cottages, *blackened*, stood flush on the pavement, with that intimacy and smallness of colliers' dwellings over a hundred year's old. (《查特莱夫人的情人》)

[8] He shook his head. She looked at his smallish, short, alive hand, *browned* by the weather. (同上)

[9] Spring has come to this southern city, however, and under the smog, rice is *greening*. (Corpus of Contemporary American English)

[10] It was a standard envelope, but the paper had *yellowed*. (同上)

[11] The fields *greened*, the soldiers' faces *reddened*, the skies *blued*. (同上)

[12] Overhead the frozen sky *purpled* with night, and above the wind and frantic branches clung watery stars. (同上)

[13] The sky to the east was *pinking*, ending the longest night of Valentine's young life. (同上)

汉语名词或形容词动词化也同样具有动词特征,在句中可以有体标记"了""着""过",也可以用"不""没"构成否定式。

[14] 史湘云**红**了脸,吃茶不语。(《红楼梦》第三十二回)

[15] 一席话,说的贾琏脸也**黄**了。(《红楼梦》第二十一回)

[16] 婶娘的侄儿虽说年轻,却也是他敬我,我敬他,从来没**红过**脸儿。(《红楼梦》第十一回)

[17] 岫烟**红着**脸笑谢道:"这样说了,叫我不敢不收。"又让了一回茶。(《红楼梦》第九十一回)

[18] 春天的额仑草场水肥充足,雪沃草原,劲草疯长。连续半个多月的暖日,绿草已覆盖了陈腐的旧草。草甸草坡全**绿了**。(《狼图腾》)

[19] 走在地边,他看一看柿子还**没红**,他想摘几个柿子给孩子吃吧。(北京大学汉语语料库)

从语义、功能、形式三个方面来看,[14]—[19]中的颜色词都转为动词。然而在《现代汉语词典(第7版)》中"红""绿"标注为形容词,"黄"标注为形容词和动词。该词典中"黄"用作动词的例子是隐喻用法,喻指事情失败或计划不能实现。用系统功能语言学的实例化观点来看,颜色词系统属于语言作为资源的组成部分,语篇中颜色词的用法属于鲜活的语用实例。

(2) **英汉动词化形式标记有异**。英语动词有时、体、语态等屈折变化,所以英语动词化都有形式标记。有些英语颜色词由形容词或名词转为动词有形式标记,例如,red→redden,black→blacken,white→whiten。汉语作为分析型语言,动词形态标记很少。汉语动词和动词化本身没有形态变化,与名词、形容词没有形式区别。

(3) **英汉动词化频次有异**[①]。美国当代英语语料库的词数为4.1亿(2010年的统计),将人工检索到的颜色词动词化用法进行统计,得到每百万词中颜色词动词化发生的频次,结果见表8。

表8 美国当代英语语料库中颜色词动词化频数及排序

英语基本颜色词	英语颜色词动词化次数	百万词中英语颜色词动词化的频次
brown	2 129	0.51
black	1 316	0.32
red	685	0.167
white	357	0.087
green	159	0.038
yellow	105	0.026
grey	51	0.012
blue	50	0.012
purple	21	0.005

① 基于语料库的英汉基本颜色词动词化对比分析结果曾发表于《外语学刊》,2011(6):21-24。

北京大学现代汉语语料库总词数为 3.07 亿，人工检索其中的汉语颜色词动词化发生实例后，统计每百万词中的发生频数，结果见表 9。

表 9　北京大学现代汉语语料库中颜色词动词化频数及排序

汉语基本颜色词	汉语颜色词动词化次数	百万词中汉语颜色词动词化的频次
红	1 841	4.75
白	1 058	3.44
黑	945	3.06
绿	124	0.4
黄	91	0.3
灰	39	0.126
紫	30	0.098
蓝	10	0.03
褐	0	0

从两个表中可见，汉语基本颜色词动词化发生频次远远高于英语基本颜色词动词化频次。这个结果如何解释需要深入研究。有两个因素可能与之相关：一是华夏文明进入农耕文明较早，对自然界中的颜色比较敏感；另一个因素是从语料中发现汉语中的许多颜色词动词化用法是隐喻用法，例如"某人红了""某首歌红了"。这个因素可以解释英汉颜色词动词化排序的明显差别。汉语中排前四位的是红、白、黑、绿。英语中的前四位是 brown、black、red、white。语料显示，brown 用作动词多发生于烹饪语域，没有隐喻用法。汉语中红、白、黑的隐喻用法很多。颜色词用作隐喻的源域，相应的靶域可以涉及许多不同的领域，动词化的发生频数就会比较高。

8.6　结　语

作为跨越语法范畴的经验再识解表达方式，语法隐喻的确是一种普遍语言现象。在语篇中观察语法隐喻，它是语法系统资源的活用。基于语篇的英汉语法隐喻对比分析结果证明,两种语言中都有语法系统资源的活用。英汉语篇中都有人际语法隐喻,情态语法隐喻呈现上升的级转移倾向。英汉概念语法隐喻都有及物性转化和类/级转移。英汉名词化都具有语义浓缩的特征,且都有语义转指、语义自指之分。英汉自指型名词化的名化程度低于转指型名词化。基于语料库的英汉基本颜色词动词化对比分析结果显示,汉语颜色词动词化频数高于英语颜色词动词化。两种语言的类型差异决定了英汉名词化和动词化的形态标记有明显差异,英语的形态标记远远多于汉语。

第九章

英汉翻译中的语法隐喻

上一章对比分析了英汉语法隐喻的异同。本章讨论英汉语法隐喻的翻译策略及各类语法隐喻的翻译方法。翻译研究属于跨学科范畴,研究范式多样。但凡翻译研究无不涉及翻译过程和翻译质量问题。本章先阐述系统功能语言学的翻译过程观和质量观,然后讨论语法隐喻的翻译策略和方法。

9.1 系统功能语言学视阈的翻译过程观[①]

第三章概述了系统功能语言学的研究范式。系统功能语言学将系统和语篇都视为语言现象。语篇是语言使用实例,系统是语篇生成的资源。从系统功能语言学视角看原作(ST)的生成,它是实例化过程(instantiation),是作者在情境语境下,以源语语言符号系统(L1)提供的资源进行意义建构的过程。从这一视角来看翻译过程,翻译则是再实例化

[①] 本小节及下一小节的内容曾发表于《外语与外语教学》,2017(4):97–107。

(re-instantiation)过程。"再实例化是用目的语系统资源重新识解、建构源语语篇所承载的意义的过程。"(Souza 2010:109)这样看来,翻译是以目的语符号系统(L2)为资源生成与原作对应的语篇(TT)。简而言之,翻译过程就是语篇再生过程(Yang 2015)。实例化过程是社会文化背景内的交际过程,再实例化过程是跨文化的交际过程。译者通过文本与作者沟通,译文读者通过译作与原文作者沟通,这两个过程都是跨文化交际过程。

将翻译视为再实例化过程意味着脱离符号转换为中心的翻译理论研究范式。系统功能语言学的翻译过程观将语言系统、语篇、译者、文化语境、情景语境都视为翻译过程的关键因素(见图3)。"翻译不仅仅是语言文本的对应,同时也有着中介及语境的影响。翻译没有主体的介入,缺乏'分析'与'综合',那么完整意义的对应只是虚幻的理想[……]。"(姜秋霞 2007:88)这样看来,翻译不仅仅是语码转换过程,而是译者解读、分析原作后重新构建语篇的过程。这个过程顺利完成才能真正实现原作内容在译作读者群体之间的传播。

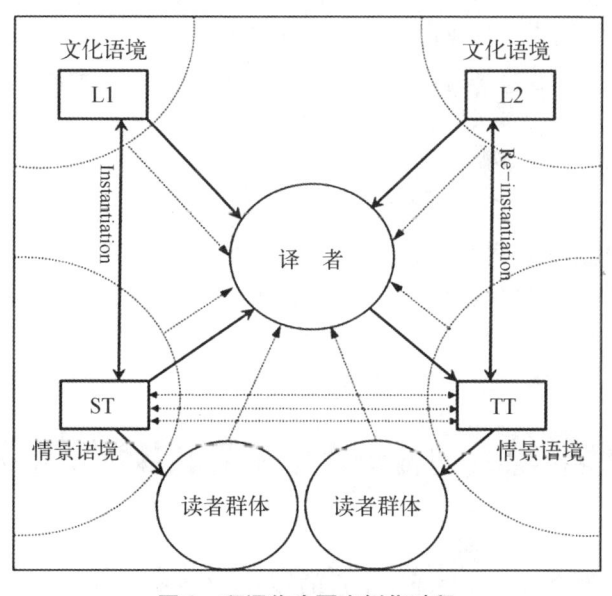

图3 翻译作为再实例化过程

译者是两种文化间的中介(mediator)(Hatim & Mason 2001)。译者既是原作读者,同时也是原作语篇分析者。作为译者的原作读者不同于一般读者,因为他/她的阅读目的是要在另一种社会文化中传播原作。因此,译者必须一方面认真分析原作的背景、交际目的、语篇类型、修辞特点、言语风格等,另一方面必须考量两种文化的差异,推测译作读者群体对原作内容的接受程度。译者的任务是以目的语为资源构建与原作语篇性质相同的语篇。译者的三重角色是原作读者、原作分析者、译作作者。译者通过原作与作者沟通,通过译作使译作读者与原作作者沟通。担当好这三重角色方能充当好两种文化的中介。

语篇再生过程中需要处理两类信息。一类为语码承载的信息(图3中用实线标示)。译者阅读原作需要解码和推理。译者分析原作需要同时参照源语(L1)符号系统及原作,这样才能发现作者谋篇布局、遣词造句的手法。译作生成需要编码甚至意义重构,语篇再生过程是译者连续选择的过程,是译者创造性地利用译入语(L2)符号系统资源的过程。另一类信息是与原作和译作关联的隐含信息(图3中与译者相连的虚线所示),包括情景语境、文化语境、原作读者群体、译作读者群体等。这类与原作、译作有关的信息都需要译者在翻译过程中考量。总之,翻译作为再实例化过程要求译者充分发挥主体作用,努力实现译作与原作语篇意义对等。

将翻译视为再实例化过程揭示了翻译的本质。"译"即"易",翻译本质上就是转化。变通与转化是翻译过程的核心任务。"翻译之本是'译',译之核心是'变通'与'转化'。"(黄忠廉、方仪力 2017:7)巴黎"释意理论"认为,翻译不是从源语到译语的直接转换,而是建立在理解基础上的再表达(许明 2010)。再实例化过程,即语篇再生过程,就是变通、转化的过程,在这一过程中剥离的是源语语言外壳,尽可能再现的是源语语篇的意义。简言之,再实例化过程追求的是源语语篇与目的语语篇的意义对等。

9.2 系统功能语言学视阈的翻译质量观

"对等"概念是传统翻译质量观的核心。Chesterman(1997)将"对等"概念列为翻译领域的五个顶级模因(supermeme)之一。然而,"对等"这一西方译学术语被认为是最有影响力也最具争议性的译学概念。中国翻译界早有文本对等的思想,但是遗憾的是没有提出表达这一概念的明确术语。"对等"这一术语引进中国当代译学语境后,"经过30多年的跨语应用,已逐步发生谱系演化。而中国当代译学知识体系在很大程度上便是依托这样一个术语概念建构而成的。"(刘润泽等 2015:18)近年来,中外译学研究者对"对等"概念又有新的阐释(Hickey 1998;Matthiessen 2001;Steiner 2001;Halliday 2009;郭建中 2014)。

传统翻译标准基于源语与目的语语法-词汇的对应,尽管没有用"对等"这一术语(Nida 1993)。马建忠在 1894 年的《拟设翻译书院议》中明确表达了翻译对等的思想。

> 一书到手,经营反复,确知其意旨之所在,而又摹写其神情,仿佛其语气。然后心悟神解,振笔而书,译成之文,适如其所译而止,而曾无毫发出入其间,夫而后使阅者所得之益,与观原文无异,是则为善译也。(马建忠 1984:2)

马先生所追求的译文质量显然是后来 Nida 所概括的"功能对等":

> 翻译即是交际,其效果见于读者或听者。评价翻译的质量不能限于词义、语法、修辞的对应。重要的是在何等程度上读者理解和欣赏译作。据此可以提出"功能对等",用来比较译文读者对译作的理解和欣赏与原文读者对原作的理解和欣赏。(Nida 1993:116,笔者译)

然而,对"功能"一词的不同阐释必然导致对"功能对等"的不同理解。语用学言语行为理论研究的进展引发了一些翻译理论研究者对 Nida 的"功能对等"观的质疑。言后行为(perlocutionary force)非言者所控,它取决于听话人及其所处的语境。Hickey(1998)认为译作读者与原作读者反应一致是不可能的,这种追求忽略了语境的多方面差别。他以 Gu(1993)关于言后行为的研究结果为理论依据质疑言后行为意义的功能等值,主张用"言后行为类比"(perlocutionary analogy)来评价翻译质量。

系统功能语言学家们认为翻译应寻求多层面的对等。Halliday(2009)讨论了六个层面的对等。他指出,有经验的译者都知道难以实现所有这些层面的对等。Steiner(2001)主张译者努力使译作与原作的概念意义、人际意义、逻辑意义尽可能等同。Matthiessen(2001)指出,对等是一个梯度概念,与语境紧密相关。他提出了翻译语境化原理:语境越广,翻译对等程度越高;语境越窄,翻译对等程度越低。曾蕾、胡红辉(2015:75)认为:"翻译上的对等不是单纯语言形式上的对等,而是语言在语境中的功能对等。"

郭建中(2014)认为,概念对等、上下文对等、语篇对等更具有可操作性。他借鉴释意学派"重新创造上下文对等"的主张,提出了"创造性对等"。"创造性对等的翻译方法是'重写',[……]只有通过'重写'或'重新表达'才能达到'原文作者用译语创作'这一标准。"(郭建中 2014:13)

从以上简要回顾可见:1)"对等"概念由来已久,影响广泛;2)"对等"概念的内涵丰富,不同学派有不同阐释;3)言后行为意义的功能对等观遇到的挑战是言后行为不取决于言者/作者,致使等效翻译成为近乎虚无的目标。这一问题可能源于对语境的忽略或缺少对目的语语篇动态生成过程的洞见。系统功能语言学的动态翻译过程阐释蕴含着新的翻译质量观。

"既译意又译味,这应该是所有翻译者所追求的。"(黄国文 2015:737)译意指追求经验功能对等,译味指追求人际功能对等。House(2001)也主张追求译作与原作在功能和语篇意义方面的对等。她构建的语篇对等模式注重语类和语域对语篇意义和功能的作用。本书将语篇意义和功能对等作为语篇翻译的最高追求。语篇意义对等的内涵是译作与原作的语篇性质相同,即交际目的相同,语篇类型相同,都具有创造性,都具有连贯性,都具有互文性。

语篇作为语言运用的实例具有多重属性。Halliday & Hasan(1976)将语篇视为语义单位,用 texture 指语篇区别于非语篇的性质。他们集中分析了语篇的衔接与连贯,但是他们明确指出语篇性质还包括语篇内部结构和宏观结构,即与交际目的相关的语篇类型。Martin(2004)进一步发展了 Halliday & Hasan 对语篇性质的解释,提出了语篇语义分析框架,将语篇性质、语境、词汇语法系统纳入其中。他强调,语境系统和词汇语法系统是任何文化中语篇生成的资源。不从情境的视角解释语篇生成资源的选择就不可能真正解释语篇性质。悉尼系统功能语言学家们认为语篇性质离不开语境。

欧洲功能主义学派从更宏观的视角研究语篇。Beaugrade & Dressler(1981)用 textuality 指称语篇性质,阐述了语篇的衔接、连贯、意向性、情境性、互文性。在 Fairclough(1992)看来,语篇作为语言运用实例既是社会活动过程又是社会活动结果。

悉尼派和欧洲派功能语言学者都从整体性和系统性着眼探究语篇性质。王振华(2009:28)认为:"语篇语义的多样性、非线性、非对称性、有序性和混沌性在语篇系统的人、物和目的集成上得以反映。因此研究这些复杂性时,需借助系统科学的理念、思路、原理和方法。"

翻译作为再实例化过程追求语篇意义对等,要探究这样的语篇翻译对等就需要明确语篇性质的内涵。本书基于系统功能语言学、篇章语言学、语篇分析研究的成果,结合语篇翻译实践,将语篇的目的性、选择性、创造性、连贯性、互文性视为语篇性质的核心内涵。

语篇的目的性(intentionality)。交际目的触发言语交际活动,这是显而易见的事实。一则广告、一篇论文、一部小说、一份商务合同等都出于交际者的目的。这一语篇基本属性是德国功能翻译理论的基石(Nord 2001)。Hatim & Mason(2001)基于言语行为理论提出了"语篇行为"(text act)这一术语。Trosborg(2001)明确指出,正确识解语篇行为是进行翻译的先决条件。

语篇的选择性(selectivity)。"语篇可以理解为一个连续的语义选择过程,语篇即意义,而意义是选择,是一系列不间断的选择。"(韩礼德2015:47)任何一个语篇都是无数可能语篇之一。评价语篇必须参照语言系统资源和语境。语篇在情境语境中生成,语篇意义的选择受三个语境因素的制约,即语场、语旨、语式。语场指的是人们通过语言从事的社会活动。语旨指的是活动参与者的社会角色关系。语式表征的是言语交际的渠道或媒介(Halliday et al. 1964)。语篇的选择性决定了一类情境产生一类语篇(genre),文学称之为"体裁",系统功能语言学称之为"语类"。毋庸赘言,译者必须首先知晓原作属于什么类型的语篇,尽可能使原作与译作在语篇类型上保持一致。译者须从语境因素分析原作,看作者从系统资源中选择了什么词汇语法及修辞方法来构建语篇。这是确保译作与原作语篇意义对等的重要环节。

语篇的创造性(creativity)。系统功能语言学认为,语言不仅反映现实,语言也建构现实(Halliday & Matthiessen 1999;Searle 2010)。社会结构、意识形态都是通过语言创建的,也是通过语言演变的。其实,任何一个语篇的生成过程都是一个创造过程。从一则广告到一部长篇小说的生成无一不是创造的过程。作者以线性组合符号识解、建构纷繁复杂的经验世界。译者以线性组合符号识解原作中的经验世界,再以另一种线性组合符号建构一个与原作对应的语篇。翻译作为语篇再生过程毫无疑问也是创造过程。

语篇的连贯性(coherence)。语篇作为一个意义完整的语言使用实例，其内部的逻辑语义关系通顺（Halliday & Hasan 1976）。语篇的部分之间或为因果关系，或为时间顺序，或为空间关系，或为象征关系。散文形散而神不散就是因为语篇意义连贯。原作中通顺的语义关系应该在译作中同样通顺。这应该是语篇对等的重要内涵（Hatim & Mason 2001）。

语篇的互文性（intertextuality）。语篇是社会文化演进的产物。互文性意味着"历史进入语篇，语篇进入历史"（Kristeva 1986：39，笔者译）。互文现象分为显性互文（manifest intertextuality）和隐性互文（constitutive intertextuality）。前者指语篇中含有明确标出的先前语篇的内容。后者指先前语篇对目前语篇生成的潜移默化影响，表现在体裁、体例格式、修辞结构等（见 Fairclough 1992）。Hatim & Mason 探讨了语篇翻译中应如何处理互文现象，并进一步提出了"互文链"（intertextual chain）和"互文空间"（intertextual space）这两个术语。他们认为原作和译作都与各自文化中的先前语篇有互文关系，主张译者参照语篇目的来灵活处理互文现象。在翻译教学中，强调教师在译前准备工作中应多阅读与原作相关的平行文本，这非常有助于完成好翻译任务。

本书从以上五个方面概括语篇性质是因为这五方面性质涵盖了语篇内外的最主要关系，即目的性识解语篇与交际者的关系，选择性识解语篇与语境的关系，创造性识解作者、语言符号、经验世界之间的关系，连贯性识解语篇的构成部分之间的关系，互文性识解语篇与先前语篇的关系。全面理解语篇性质的这些核心内涵有助于理解语篇翻译对等的实质，也有利于观察分析语法隐喻的翻译策略和方法。

9.3　语法隐喻作为再实例化的表达资源

5.4.2 节论述了语法隐喻的语篇功能，包括重塑功能、评价功能、连贯功能。第六章讨论了语法隐喻的语篇发生理据，第七章分析了政治语篇中的诸多语法隐喻实例。毫无疑问，在源语语篇生成过程中，作者常常利用语法隐喻来建构语篇意义。在翻译作为再实例化过程中，译者是否也常常利用语法隐喻？在语篇意义重构中如何有效利用语法隐喻资源？本节讨论这两个问题。

9.3.1 翻译研究中语法隐喻的识别问题

迄今关于语法隐喻翻译研究的成果不多。翻译研究中隐喻式的认定方法还没有统一。目前存在两种观察识别方法,一种是先聚焦于译文表达形式的认定方法,另一种是先聚焦于原文意义的认定方法。黄国文(2009)采用了前一种认定方法,所举例证择用如下:

[1] His brother is a writer.
[1a] 他的兄弟是个作家。
[1b] 他的兄弟是耍笔杆的。
[2] All roads lead to Rome.
[2a] 条条大路通罗马。
[2b] 殊途同归。

他认定[1a][2a]是一致式,[1b][2b]是隐喻式。他指出,假如将"他的兄弟是个作家"译为英文可有两个选择:His brother is a writer; His brother is a man who wields a pen。前者是一致式,后者是隐喻式。这两例原文都被视为一致式,其译文可以选择一致式或隐喻式。[3]是一致式,[4]是隐喻式,各自的译文也有两种选择:

[3] Great changes have taken place in China for the past two decades.
[3a] 过去的20年目睹了中国的巨大变化。
[3b] 过去的20年来,中国发生了巨大变化。
[4] The past two decades have seen great changes in China.
[4a] 过去的20年,中国发生了巨大变化。
[4b] 过去的20年目睹了中国的巨大变化。

在黄国文看来,[3]原文是一致式,[3a]是隐喻式,[3b]是一致式;[4]原文是隐喻式,[4a]是隐喻式,[4b]是一致式。这样的认定方法可能是首先着眼于译文与原文的表达形式对应,译文中发生了表达方式转化则认定为隐喻式,没有发生表达方式转化则认定为一致式。

这种认定方法带来的困惑是有可能导致同一个句子作为原文的认定

结果与作为译文的认定结果不一致。假如要将[3b]或[4a]译为英文,那么作为原文它是一致式还是隐喻式呢?如果认定为一致式,则与[4a]认定结果相悖。同一句子在原文中和在译文中认定结果不同,这可能会导致一个不利的结论,即语法隐喻没有明确的界定。

聚焦于原文意义的认定方法见于邓玉荣、曹志希(2010)。他们以《红楼梦》的两个英文译本中的译例来讨论译文中的语法隐喻。这里也择用他们所选例句来看译文的语法隐喻认定:

[5] 花谢花飞飞满天,红消香断有谁怜?(《红楼梦》第二十七回)

[5a] As blossoms fade and fly across the sky, who pities the faded red, the scent that has been?(杨宪益、戴乃迭译)

[5b] The blossoms fade and falling fill the air, of fragrance and bright hues bereft and bare.(David Hawkes 译)

[6] 桃李明年能再发,明年闺中知有谁?

[6a] Next year the peach and plum will bloom again, but her chamber may stand empty on that day.(杨宪益、戴乃迭译)

[6b] Next year, when peach and plum-tree bloom again, which of your sweet companions will remain?(David Hawkes 译)

邓、曹二位认为[5]用疑问句表达"红消香断无人怜",因此是隐喻式。他们认为[5a]是隐喻式译文,[5b]是一致式译文。他们认为《葬花吟》表达的是林黛玉的人生忧患意识,[6]预示"花落人亡"的命运,"明年闺中知有谁?"并不期待答案。因此,可以认定原文是隐喻式。依此看译文,他们认定[6a]是一致式,[6b]是隐喻式。这种认定方法首先根据语境推测原文意义、认定原文表达形式,然后判定译文表达形式。这种认定方法将原文意义作为识别原文和译文语法隐喻表达式的依据。

9.3.2 翻译中的隐喻式和一致式的对应

本书将语法隐喻定义为跨越语法范畴的经验再识解表达方式,认为原文和译文中的隐喻式或一致式是一致的。本章采用先语内识别原文隐喻式再观察判定译文表达式转化的分析方法。从翻译实践的视角来分析语法隐喻翻译需要首先分析原文,然后考虑译文表达是否需要变通转化以及如何转化。这样看来,译文与原文的一致式和隐喻式存在四种对应。

  a)原文隐喻式 → 译文一致式
  b)原文一致式 → 译文隐喻式
  c)原文隐喻式 → 译文隐喻式
  d)原文一致式 → 译文一致式

  如果翻译过程中选择了 a),则发生了去隐喻化(demetaphorization);如果选择了 b),则发生了隐喻化(metaphorization);如果选择了 c),则发生了再隐喻化(remetaphorization);d)项选择不涉及语法隐喻,可称为零隐喻化。前三种译文与原文的表达方式对应都存在变通转化,选择任何一种都需要考量语篇性质及语境等诸多因素。

9.3.3 翻译中语法隐喻的择用原则

  黄国文(2009:8)指出,在翻译中采用一致式或隐喻式不存在优劣问题,采用哪种表达式更合适要具体情况具体分析。"语言形式的使用是根据具体的交际目的、交际场合、交际双方的关系、交际内容等文化、情景因素来选择;因此,没有两个不同的形式可以用于完全相同的场合、表示完全相同的意义。"他以巴金的中篇小说《春天里的秋天》第二节中一段话的英译文为例来证明这一观点。

[7] 太阳的影子悄悄地躲开了。黄昏的香气包围着我们。马来人赤着脚在我们的面前溜来溜去。
"回去呀!"她站起来,挽着我的手臂。我们又走着曲折的、向下斜的路。"送我回家,"她命令似地说。
The sun quietly set. We were enveloped in the fragrant dusk. The Malay, bare-footed, strolled to and fro before us.
"Shall we go back?" She got to her feet and took my arm. We went back down that winding road.

"See me home, will you?" she said as if issuing an order.

黄国文认为原文中的两个祈使句没有商量的口气,是一致式表达,然而译文中用了隐喻式表达,在译文中增加了"商量"的人际意义,导致译文与原文意义不对应。译文中也应用一致式"Let's go back.","See me home."。

本书赞同黄国文的观点。从语篇意义对等的角度来说,翻译过程中一致式或者隐喻式的选择不仅仅是形式转化问题,而是译者在何等程度上忠实于原作的问题,也就是翻译质量问题。下面从"信"的原则来讨论一致式和隐喻式的选择问题。

《天演论·译例言》开篇就讲,"译事三难:信、达、雅"。"为达即所以为信也。"(严复 1984:6)曹明伦(2006)指出,推广白话文之后,"信"逐渐被"忠实"替代。"译"即是"易",即是变通转化,然而变通转化过程中必须忠实。那么到底应忠实于什么呢?首先应忠实于作者的交际目的(杨忠、李清和 1995:10),然后考虑译文读者群体的文化及目标语词语搭配的习惯。曹明伦(2006)认为"信、达、雅"是以忠实为取向的多维翻译标准。通常情况下,由于时空原因译者是见不到作者的,所以译者实际上应忠实于原作的交际意图。忠实于读者就应将原作的语篇意义用目标语尽可能近似地转写出来。忠实于目标语语言表达就是要遵循目标语的词汇语法规则和语用原则。这与上文所阐述的系统功能语言学视阈的翻译过程观和质量观完全一致。

忠实取向的标准自然应为翻译择用隐喻式或一致式的根本原则。如果原文采用了隐喻式,而译文再采用隐喻式导致译文不顺,那自然要做去隐喻化处理。例如,"The fifth day saw them at the summit."译为"第五天看到他们在山顶"就不如"他们第五天到达山顶"更符合汉语表达习惯,前译文读起来有"美言不信"之嫌。[7]中的两个祈使句都译为问句,就是做了不忠于原文意义的隐喻化处理。[5a]就是再隐喻化选择,既忠实于原文意义也保留了原文的表达形式。[5b]是去隐喻化译法,转化了表达形式。此处的形式转化是否必要有待商榷,因为原文疑问式表达的林黛玉哀伤凄恻的内心情感在译文去隐喻化处理后不复存在。总之,隐喻式和一致式在翻译中的选择应遵循首先忠实于原文意义的原则,"信"的前提下求"达"。下面以此为标准观察分析英汉互译中的人际语法隐喻和概念语法隐喻。

9.4 英汉翻译中的人际语法隐喻

4.3.3节将人际语法隐喻分为语气转化和情态转化两种类型。本节分析英汉互译中语气转化和情态转化的处理方法。我们先观察分析英汉散文翻译中语气隐喻的翻译方法。

9.4.1 英汉翻译中的语气转化

我们先观察分析英汉散文翻译中语气隐喻的翻译方法。为了观察分析英语散文汉译中的语气转化,笔者通读了《英国散文名篇欣赏》(杨自伍 1995)的原文和译文,先找出原文中的隐喻式,然后比照译文中的处理方法。结果显示,译者都采用再隐喻化处理方法。[8]是典型的再隐喻化翻译方法的运用实例。

[8] Such a moment was mine as I stood under the elms listening to the blackbird. And looking back up the village street I thought of the woman in the churchyard, her sun-parched eager face, her questioning eyes and friendly smile: what was the secret of its attraction? — what did that face say to me or remind me of? — what did it suggest?
Now it was plain enough. She was still a child at heart, in spite of those marks of time and toil on her countenance, still full of wonder and delight at this wonderful world of Gilmorton set amidst limestone hills, under the wide blue sky — this poor squalid little village where I couldn't get a cup of tea!
我伫立在古榆下面聆听着黑鸟的鸣啭,这一刻才是属于我的。回首仰望这条乡村街道,我想到的是教堂墓地里的女人,她那张烈日烤干的面孔,她那对探寻的眼睛和那副友好的笑脸:它的动人之处的奥秘是什么呢?——那张面孔对我道出了或使我想起了什么呢?——它意味着什么呢?

现在一切都相当明白了。原来她心底里仍然是个孩子,虽然在她面容上有那些光阴和辛劳的痕迹,仍然充满着惊奇和喜悦,一见到坐落于石灰岩群山中间的其莫尔顿村的这个奇妙的世界,置身于广阔的蓝天之下——我连一杯茶水都得不到的这么个又穷又脏的小村庄!(杨自伍译)

原文是 W. H. Hudson(1841—1922)的散文"Her Own Village"。文章先描写作者游览一个偏僻落后的名为其莫尔顿的村庄时的所见所想。刚进村,他走进一个乡村酒馆想点杯茶水解渴,却遭到衣着不整的店主的瞪眼和无礼答复,"这儿可没有茶水!"他在教堂里遇到母女两人,母亲刚近中年却貌失润泽。从对话中,他得知母亲出生在此地,却在外地生活十多年了,此次她带女儿回故乡。这位妇女对这个村庄的留恋引发了作者的思考,于是在描述了诸多情景之后,作者用设问的方式将文章由叙述转向议论。通过自问自答,作者阐发了感想,赞扬了朴实之美、自然之魅力。作者既是作家又是博物学家。这篇散文立意高远,谋篇巧妙,文中两处用了同样的设问句,前面的设问埋下伏笔,后面重复同样的设问来转向议论,显现出"形散而神不散"的独特魅力。汉语译文也两处采取再隐喻化的处理方法,再现了原作的魅力。

汉语散文中语气语法隐喻英译也基本都采用了再隐喻化的方法。我们以《中国历代散文译萃》(谢百魁 2014)中的译文为例,观察分析其中设问句和反诘句的英译方法。下面是《晏子使楚》和《师说》相关部分的译文:

[9] 晏子避席对曰:"婴闻之,橘生淮南则为橘,生于淮北则为枳,叶徒相似,其实味不同。所以然者何? 水土异也。今民生长于齐不盗,入楚则盗,得无楚之水土使人善盗耶?"王笑曰:"圣人非所与熙也,寡人反取病焉。"

Yan left his seat and countered, "I heard that oranges grown south of the Huai River are true oranges; once transplanted to the north of the river, they become trifoliate oranges. Although they resemble in the shape of leaves, yet they differ widely in taste. What accounts for it? The difference in water and soil. Now people born in Qi are incapable of theft, but once in Chu they commit this crime. Could it be that the climate of Chu has something to do with it?" The King remarked with a smile, "A sage is indeed not to be trifled with. The ridicule has recoiled upon us."

原文中晏子的话语利用类比推理,有力、有礼地回击了楚王及其麾下人士的预谋,维护了齐国及其个人的尊严。晏子的话语先叙后议,以"所以然者何?"问句承前启后,以"得无楚之水土使人善盗耶?"问句作结论。整段话语环环相扣,言之有物,言之有理,言之有力。在译文中对于两个语气语法隐喻采用了再隐喻化处理,再现了原文语篇意义和行文气势。

[10] 古之学者必有师,师者,所以传道受业解惑也。人非生而知之者,孰能无惑?惑而不从师,其为惑也,终不解矣。生于吾前,其闻道也,固先乎吾,吾从而师之;生乎吾后,其闻道也,亦先乎吾,吾从而师之。吾师道也,夫庸知其年之先后生于吾乎?是故无贵无贱,无长无少,道之所存,师之所存也。

Ancient scholars certainly had teachers. A teacher is one who passes on the truth, imparts knowledge and solves puzzles. Man is not born with knowledge. Who can be free of puzzles? These would remain unsolved, should one refuse to be instructed by teachers. The men born before me surely know the truth before me, so I respect them as teachers, while those born after me may also know the truth before me, I likewise respect them as teachers. It is the truth that I endeavour to learn. Must I know beforehand whether my teacher was born before me or after me? Therefore, no distinction should be made between the noble and the humble or between the young and the old. Where lies the truth, there is a teacher.

以上三例表明,原文中的语气表达形式是作者的有意选择,在译文中采用再隐喻化处理才能忠实于原文作者的"欲言"。三例中问句都发挥重要的语篇衔接功能,在译文中照译才能使译文的语篇如原文一样连贯。

9.4.2 英汉翻译中的情态意义等值

英汉情态取向的翻译也基本遵循同样的原则,原文如果是隐性主观则译文中也保持隐性主观的情态取向。[11]取自恩格斯的"Speech at the Graveside of Karl Marx"[《在马克思墓前的讲话》,曹明伦译,《中国翻译》2010(3):84-85]。

[11] Just as Darwin discovered the law of development of organic nature, so Marx discovered the law of development of human history: the simple fact, hitherto concealed by an overgrowth of ideology, that mankind *must* first of all eat, drink, have shelter and clothing, before it *can* pursue politics, science, art, religion, etc.; that therefore the production of the immediate material means of subsistence and consequently the degree of economic development attained by a given people or during a given epoch form the foundation upon which the state institutions, the legal conceptions, art, and even the ideas on religion, of the people concerned have been evolved, and in the light of which they *must*, therefore, be explained, instead of vice versa, as had hitherto been the case.

正如达尔文发现生物界的进化规律一样,马克思发现了人类历史的发展规律,即那个一直被意识形态之滋蔓所掩盖的简单事实:人类首先**得**果腹,蔽体,安居,然后**才能**从事政治、科学、艺术及宗教等活动;所以,直接的物质生活资料生产以及随之而形成的某个民族或某个时期的经济发展程度便构成一定的基础,而该民族的国家制度、法律思想、艺术活动以至宗教观念,都在这个基础上发展,因此也**必须**根据这个基础来解释,而不是像此前那样本末倒置。

在这段话中恩格斯高度概括了马克思的卓越贡献之一,即历史唯物主义。讲话言简意赅地阐述了经济基础决定上层建筑的思想。文中的情态动词must、can表达了主观判断。情态取向属于隐性主观,情态意义的来源是马克思的论著。在译文中,情态意义全部再现,情态取向没有任何变化,译文与原文的情态意义表达都采用了一致式。

英汉翻译中不仅要保持情态取向一致还要保持情态值一致,在法律文本翻译中情态等值尤其重要。法律文本中情态动词明确表达权利、义务、责任等重要人际意义,因此译文的情态等值至关重要。[12]是《中华人民共和国教育法》(1995年3月18日第八届全国人民代表大会第三次会议通过)第五条及其英语译文。[13]是《中华人民共和国高等教育法》(1998年8月29日第九届全国人民代表大会常务委员会第四次会议通过)第十六条第(三)款及其英语译文。

[12] 教育**必须**为社会主义现代化建设服务,**必须**与生产劳动相结合,培养德、智、体、美全面发展的社会主义事业的建设者和接班人。Education *must* serve the socialist modernization drive and *must* be combined with productive labour in order to foster builders and successors for the socialist cause with all-round development — morally, intellectually, physically and aesthetically.(全国人民代表大会常务委员会 1999: 3)

[13] 硕士研究生教育**应当**使学生掌握本学科坚实的基础理论、系统的专业知识,掌握相应的技能、方法和相关知识,具有从事本专业实际工作和科学研究工作的能力。博士研究生教育**应当**使学生掌握本学科坚实宽广的基础理论、系统深入的专业知识、相应的技能和方法,具有独立从事本学科创造性科学研究工作和实际工作的能力。The graduate programme for candidates working for MA *shall* enable candidates to grasp firmly the basic theories in their branch of learning and grasp the systematic knowledge of their specialized subjects, to grasp the skills and methods and relevant knowledge required, and to acquire the ability of practical work and research in the fields of their specialized subjects. The graduate programme for candidates working for Ph.D *shall* enable candidates to grasp firmly the breadth of the basic theories and the systematic and profound knowledge of the specialized subjects and grasp the skills and methods required by their branches of learning, and to acquire

the ability of creative research on their own and of practical work in the fields of their specialized branches of learning.(同上: 93-94)

这两条教育法律条文中分别用了"必须""应当"。前者强制性最高,后者情态值略低于前者。英文译文中用了 must 和 shall,使译文的情态值与原文一致。shall 在法律文本中重复率极高,常与第二、第三人称一起使用,表示命令、义务、职责、权利、许诺等人际意义,但是其情态值达不到强制程度。近来有学者撰文建议在法律条文中用 must 取代 shall,认为前者才表达强制概念(李克兴 2007)。以上两例的英文译文与原文一样区别了强制程度。教育方针指明教育工作的方向,是教育机构和教育工作者必须遵循的根本原则,其强制程度最高。在中国法律文本中凡是涉及教育方针的条文都用了情态值最高的"必须",相应的译文中也都用了 must,其他条文的译文中多用 shall。

9.5 英汉翻译中的概念语法隐喻

4.3.3 节将概念语法隐喻分为及物性转化和类/级转移两种类型。这里分析在汉英翻译中两类概念语法隐喻的运用。

9.5.1 英汉翻译中的及物性转化

先来看及物性转化的实例。这些实例选自《中国翻译》的"词语选择"栏目,都是近年来中国对外宣传材料中的重要词语,反映中国改革发展、治国理政的理念和方针。这些实例的英译文经过专家讨论(由于该栏目没有标出译者,本书采用括号内给出出处的标注方式,没有列入参考文献),都遵循"外宣三贴近"原则,即"贴近中国发展实际,贴近国外受众对中国信息的需要,贴近国外受众的思维习惯"(黄友义 2004:27)。

[14] 中国经济已经进入新的发展阶段,正在进行深刻的方式转变和结构调整。这就要不断爬坡过坎、攻坚克难。这必然伴随调整的阵痛、成长的烦恼,但这些都是值得付出代价的。
The Chinese economy has entered a new development stage. It is undergoing profound transformation of growth model and structural readjustment. In this process, there will inevitably come one challenge after another. Efforts to meet the challenges will be accompanied by throes of readjustment and growing pains, which will prove to be worthwhile.[《中国翻译》2014(1):124]

原文中表达过程的动词是"进入""进行""爬""过""攻""克""伴随""是"。前七个都是物质过程,最后一个为关系过程。在译文中第一、二句是物质过程,第三句是存在过程,第四句是物质过程,其中包含的定语从句是关系过程。显然,第三句的译文中发生了及物性转化。存在过程更客观地表达了深化改革必然遇到的艰难险阻,更贴近国外受众的思维习惯,更便于他们理解。

[15] 文化是人类的精神家园。
Culture gives human beings a sense of belonging.[《中国翻译》2012(3):126]

此例的原文是关系过程,含有词汇隐喻"家园"。如果译文采用同样的句式,则可能译为"Culture is the spiritual home of human beings."。这种译法虽然在形式上与原文相似,但是不符合受众的思维习惯,并且会导致"文化"的内涵缩窄。英语译文中采用了及物性转化的译法,将原文的关系过程转为物质过程,a sense of belonging 是受众易于理解和接受的表达。此例中的及物性转化体现了"归化"翻译策略。

[16] 努力形成知荣辱、讲正气、守诚信、作奉献、促和谐的良好风尚。
Strive to create a social atmosphere that promotes morality, integrity, dedication and harmony.(同上)

此例的原文表达了社会主义精神文明建设的目标,即努力形成良好风尚。原文采用祈使句式,"良好风尚"做"形成"的宾语。"良好风尚"有五个并列名词化短语做修饰语。原文是简单句,译文是复合句。主句也采用祈使句。原文中做宾语的偏正式名词词组在译文中转化为含有定语从句的名词词组。译文主句中的宾语"a social atmosphere"对应"良好风尚",受定语从句"that promotes morality, integrity, dedication and harmony"修饰。译文中的定语从句对应原文中的五个并列名词化短语,但是整合了原文中的语义内容。译文用 promote 概括了原文中的五个过程"知""讲""守""作""促",用四个抽象名词表达了原文中五个名词的意义。这种既有转化又有整合的翻译方法使译文符合目标语的搭配方式,便于受众理解。

[17] 制度化、规范化、程序化是社会主义民主政治的根本保障。
Socialist democracy can be fundamentally guaranteed through improved institutions, rules and regulations, and well-defined procedures. [《中国翻译》2015(5):125]

此例的原文是关系过程,句子的信息起点是"制度化、规范化、程序化",句中的"保障"是名词,做表语。译文采用了物质过程,guarantee 用作及物动词。译文的句子信息起点是 socialist democracy。原文中的主位转为译文中介词的宾语,与 through 一起构成介词短语,做状语。尽管译文做了调整、转化,"社会主义民主"与"制度化、规范化、程序化"之间的逻辑语义关系没有变。假如译文中采用与原文同样的句式,将 guarantee 用作名词,就会译出欠通顺且偏离原文意义的句子,因为该词在英文中不用作抽象名词。此例的译文无疑是忠于原文意义和目标语表达习惯的成功案例。

[18] 始终保持反腐高压态势,对腐败分子零容忍、严查处。
Our tough stance on corruption is here to stay; our tolerance for corruption is zero, and anyone guilty of corruption will be dealt with seriously. [《中国翻译》2015(4):127]

原文中有三个小句,三个过程都是物质过程。译文中也含有三个小句,前两个都转化为关系过程,最后一个仍是物质过程。原文的三个小句都是祈使句式,表明政府对反腐败的决心。译文采用陈述句式,表明中国政府对反腐败的态度。反腐败是政府和民众共同的任务,用祈使句式有号召的作用。面向译文受众宣传中国政府的态度和决心,用祈使句式就不合适,转为关系过程的陈述式是合理的选择。

从以上五例的译文分析可见,在对外宣传翻译中往往需要进行小句过程的转化。在一些情境下,只有通过此类转化才能使国外受众理解中国的政策和主张,也只有通过必要的及物性转化才能使译文符合目标语的表达习惯。外宣翻译必须忠实于原文,但是忠实于原文是指"忠实于原文的精神实质而不是表面文字"(王平兴 2008:45)。译者需要深刻领悟原文的精神实质,然后考量语境因素,在译文中创造性地表达原文的意义。

9.5.2 英汉翻译中的名词化

1.3.1 节谈到语法隐喻是普遍语言现象。第二章谈到名词化是典型的语法隐喻。第八章论证了汉语中存在名词化现象。这里我们来分析英汉翻译中名词化的运用,首先通过实例来看翻译中名词化的再隐喻化、隐喻化、去隐喻化处理方法,然后以十八大报告的英语译文为例来分析各种方法的运用情况。

[19]是汉英翻译中名词化词语照译的实例,即词语再隐喻化的实例。

[19] 政策沟通;设施联通;资金融通;民心相通。
Policy coordination; connectivity of infrastructure; financial integration; closer people-to-people ties.[《中国翻译》2017(4):126]

原文中的四个词都是名词加动词构成的名词化表达式,其内部存在逻辑上的主谓关系。原文中表达过程含义的"沟通""联通""融通""相通"译为 coordination、connectivity、integration、ties,这四个英语词都兼有"物"和"过程"的含义,属于名词化表达式。

[20]是段落翻译中名词化照译的实例。

[20] 守护绿水青山,留住蓝天白云,是全体人民福祉所系,也是对子孙后代义不容辞的责任。必须始终把建设生态文明、保护生态环境放在突出位置,强化科学治理,推广使用技术,实行最严格

的源头保护制度,严守生态保护红线,以重点区域和关键领域为抓手,实施重大战略性生态工程,充分发挥市场作用,调动各类社会主体投身生态保护和建设的积极性,坚持在发展中保护、在保护中发展,让当代人受益,为中华民族永续发展奠定坚实基础。
Ensuring clear water, green mountains and clean air is vital for people's *well-being*, and it is our unshirkable responsibility to future generations. High priority should be given to *building* sound ecology and *protecting* the environment at all times. We should strengthen environmental *improvement* in a well-planned way, promote the use of applicable technologies, practice the strictest possible *protection* at the source, and ensure that the red line in ecological *protection* is not crossed. With focus on key regions and sectors, we should launch major ecological projects of strategic significance, fully leverage the role of the market, and motivate all entities in the society to engage in ecological *protection* and *development*. We should make *development* and ecological *protection* a mutually reinforcing process so that it will both benefit the current generation and lay a solid foundation for *sustaining the development* of the Chinese nation.[《中国翻译》2015(1):125,斜体为笔者标示]

原文中用了一系列名词化表达式,包括"守护绿水青山""留住蓝天白云""建设生态文明""保护生态环境""源头保护""生态保护""保护""发展""永续发展"。这些词或词组在译文中也基本采用名词化表达式(斜体标出的部分)。这段话的关键词"保护""发展"在译文中都用名词化译出。"保护"译为 protection 或 protecting,两个词都有"过程"含义,后者后面有宾语。此例表明,通常情况下再隐喻化是英汉翻译中的常用翻译方法。

[21] 是在译文中由于搭配需要而采用名词化表达式的实例。

[21] 我们既不走封闭僵化的老路,也不走改旗易帜的邪路。
We reject both the old and rigid closed-door policy and any attempt to abandon socialism and take an erroneous path.[《中国翻译》2013(1):123]

这段话明确阐述了中国选择的道路和确定的政策。由于 reject 与 path 在英文中不构成合理搭配,译者采用了 reject 搭配 policy 和 attempt,使译文通顺且意义明确,准确传递了原文的信息。后者在文中是名词化表达式。

[22]是将原文中的名词化表达译为一致式表达的实例。

[22] 对农民采取"多予、少取、放活"的方针。
We should give more to farmers and take less from them and lift restrictions over their business activities.(同上)

原文中的"取"和"予"是典型的动词名化用法,而在译文中译为动词,属于一致式表达。译文中直接用实义动词 give、take 取代"采取"使译文简洁生动。这种去隐喻化处理方法往往在跨文化新闻编译中是合理、有效的。

从以上四例的分析可见,名词化是英汉互译中常常遇到的表达式。通常情况下,再隐喻化处理方法是采用较多的译法。但是,由于意识形态差异、搭配习惯等因素,名词化的转化处理也是必要的,转化的方法是隐喻化和去隐喻化。在外宣翻译中,名词化的翻译必须忠于原文的精神实质,同时也必须坚持我国的立场。

下面以十八大报告的英译文本为例分析再隐喻化、隐喻化、去隐喻化翻译方法的实际采用情况①。首先,通过研读原文和译文识别两个文本中的名词化结构。鉴于汉语名词化表达式形式标记较少,笔者及合作者对十八大报告原文及英译文本进行了人工识别,判断汉语句法层面的名词化结构依据"入句定类"的原则。具体说来,具有以下三个特征之一的结构可以认定为名词化结构:1)有"的"字结构修饰,如"党的**领导**";2)可以有名词、形容词修饰的结构,如"环境**保护**";3)可以做谓语动词的宾语,如"全面推进小康社会**建设**"。英文译本中的名词化表达式绝大多数有形式标记,相对易于识别。我们聚焦于 Halliday & Matthiessen(1999)归纳的名词化类型:1)过程名词化,如:investigate → investigation;2)性质名词化,如:hostile → hostility;3)环境成分名词化,如:with → the use of;4)关系成分名词化,如:because → the cause of。然后,对于两个文本中

---

① 中共十八大报告英译中的名词化翻译策略研究成果曾发表于《外语学刊》,2016(1):88-93。

识别出的名词化结构进行比对、分类、统计。

十八大报告原文中共出现 1 365 个名词化结构。两个文本中名词化结构的比对分析结果显示,再隐喻化译法(即原文中的名词化结构翻译成对应的英语名词化结构)有 1 116 例,占 81.76%。去隐喻化译法(即原文中的名词化结构翻译成其他结构)有 249 例,占 18.24%。英译文中共出现 1 657 个名词化结构,其中对应于原文中其他结构的(隐喻化译法)有 541 例,占 32.7%。由此可见,再隐喻化译法是实现语篇意义对等的首要选择。同时,考虑情景语境、文化差异、搭配习惯等因素,去隐喻化和隐喻化译法也是重要的语际意义转化手段。

9.6 结　语

本章首先阐释了系统功能语言学视阈的翻译过程观和翻译质量观。系统功能语言学将翻译过程视为再实例化过程,这一过程追求的翻译质量是译文与原文的语篇意义对等,即语篇目的性、创造性、选择性、连贯性、互文性的近似。以这样的翻译过程观和质量观来分析英汉语法隐喻的翻译,我们发现三种基本翻译方法：再隐喻化、隐喻化、去隐喻化。再隐喻化是首选方法,但是为了忠实于原作交际意图、译文读者群体的文化、译入语的表达习惯往往需要转化,因此,隐喻化和去隐喻化译法也是译者常采用的方法。后两种译法发生频率低于再隐喻化,不过这两种译法更能体现译者的主体性和创造性。

第十章

总结与展望

10.1 研究结果总结

本书回顾了三十多年来国内外语法隐喻的主要研究成果,阐述了先前研究尚未解决的问题或有争议的问题,交代了研究目标和具体研究问题,以系统功能语言学的理论为指导,以英语、汉语语篇为语料回答了提出的问题。

第一,本书提出了语法隐喻的操作定义,明确回答了语法隐喻是什么这一问题。"语法隐喻是跨越语法范畴的经验再识解表达方式。"这个定义从内涵和功能这两个公认的定义要素界定了语法隐喻这一语言现象。"跨越语法范畴"是语法隐喻的核心内涵,这一核心内涵可以明确界分隐喻式和一致式。"经验再识解"是语法隐喻的独特功能,揭示了语法隐喻是语篇意义发生过程的现象,也揭示了语法隐喻运用的主体性。语法隐喻是与一致式表达方式相互参照提出的,系统功能语言学界过去一直没有明确定义语法隐喻这一概念。本书在认真梳理语法隐喻理论研究成果的基础上尝试性提出了语法隐喻的定义,力图为语法隐喻理论填补一块柱石。

第二,本书提出了新的语法隐喻分类,试图更明确地回答语法隐喻有哪些类型这一问题。系统功能语言学依据语言元功能来进行语法隐喻的分类,然而关于是否有语篇语法隐喻这一点存在分歧,而且迄今未有明确论述。这就导致系统功能语言学界关于语法隐喻的分类有"两分说"和"三分说"。本书赞同以元功能为首要依据来进行语法隐喻分类,并且明确支持"两分说"。本书不认为存在语篇语法隐喻,因为:1)语篇功能不是经验识解功能,语法隐喻是跨越语法范畴的经验再识解表达式,而语篇功能不与经验识解直接相关,就不可能存在语篇语法隐喻;2)概念语法隐喻和人际语法隐喻本身具有语篇意义组织的功能。本书依据元功能的体现,将人际语法隐喻进一步分为语气转化和情态转化,将概念语法隐喻进一步分为及物性转化和类/级转移。

第三,本书深入分析了语法隐喻与词汇隐喻的区别与联系。系统功能语言学文献中对语法隐喻和词汇隐喻的关系偶有阐述,但是没有形成共识。本书从体现方式、语义特征、语篇功能三个方面论述了两种隐喻的区别。词汇隐喻体现于词或小句,词汇隐喻不涉及类转移,在小句中最典型的句式为"S 是 P,意为 S 是 R"。无论在词还是在小句层面,词汇隐喻体现在语义域的转换。相比之下,语法隐喻体现在语气、情态、及物性、词类、级阶等语法范畴的转换。词汇隐喻的主要语义特征是象征性、创造性、具象性,语法隐喻的语义特征是相关性、客观性、融合性。在语篇意义建构方面,词汇隐喻主要发挥概念功能、解释功能、推理功能,而语法隐喻主要发挥重塑功能、评价功能、连贯功能。功能语言学认为词汇和语法属于同一层面,在语篇中共同构建意义,所以在语篇实例中两种隐喻常常相互交织。

第四,本书论述了语法隐喻的发生理据,从语言作为系统和语言作为语篇两个视角来阐释语法隐喻为什么发生。从语言作为系统视角来看语法隐喻,它是语言规约性与创造性有机结合的修辞手段。从语言作为语篇视角来看语法隐喻,它是实现语篇目的性、创造性、连贯性的重要资源。大量语篇实例的分析显示,语法隐喻的使用受交际者高级意识的支配,同时受语场、语旨、语式这些情景因素的制约。

第五,本书分析了语法隐喻在政治语篇意义建构中的作用。基于先前话语分析研究的成果,我们首先将政治语篇定位为务实性论说语篇,概括了政治语篇的务实性、慎重性、创造性、前瞻性特质,分析了政治语篇的基本推理模式:大前提——动机前提(要达到目标 G);小前提——认知前提(做 A 则会实现 G);结论——务实性判断:应该做 A。在此基础上,从权力认知、目标任务表征、行动纲领表征三个侧面讨论了隐喻在政治语篇中的功能。最后进行了汉语典籍政论文和现代汉语政论文案例分析,识别其中的词汇隐喻和语法隐喻,讨论两类隐喻在政治语篇意义建构和推理中的作用。分析结果表明,汉语政治语篇实例大量使用词汇隐喻和语法隐喻来增强说服力。

过去三十多年里,系统功能语言学及语料库语言学注重科技语篇中语法隐喻的研究,成果较多,而对政治语篇中语法隐喻的研究成果却寥寥无几。本书观察分析古代汉语和现代汉语政治语篇实例中语法隐喻的运用,从一个侧面揭示了语法隐喻与语类的关系,是有意义的尝试。

第六,本书对比分析了英汉语法隐喻的共性和差异。中国哲学本体论认为本体是本,现象是末,但是本体和现象都是实在的。基于这样的本体论观点,我们可以认定语法隐喻是实实在在的语言现象。语法隐喻作为跨越语法范畴的现象源于语法系统,发生在语篇中。因此,我们必须在语篇中观察分析这种鲜活的修辞手段。基于语篇的英汉语法隐喻对比分析结果证明,两种语言中都有语法系统资源的活用。英汉语篇中都有语气转化和情态转化的人际语法隐喻,且情态转化都呈现上升的级转移倾向。英汉语篇中都有及物性转化和类/级转移的概念语法隐喻。英汉名词化都具有语义浓缩的特征,且都有语义转指、语义自指之分。英汉转指型名词化都有形态标记,英语自指型名词化多有形态标记,汉语自指型名词化没有形态标记。英汉自指型名词化的名化程度低于转指型名词化的名化程度。基于语料库的英汉基本颜色词动词化对比分析结果显示,汉语颜色词动词化频数高于英语颜色词动词化频数。两种语言的类型差异决定了英汉名词化和动词化的形态标记有明显差异,英语的形态标记远远多于汉语。

Halliday最初提出语法隐喻概念是基于英语和汉语中的实例。此后,英语中的语法隐喻研究如火如荼,成果丰硕,而汉语语法隐喻研究成果却相形见绌。英语和汉语语法隐喻之间有何异同还少有系统的对比研究成果,本书进行的英汉语法隐喻对比无疑是有益的尝试。

第七,本书分析了英汉互译中语法隐喻的翻译策略。本书阐释了系统功能语言学视阈的翻译过程观和翻译质量观。系统功能语言学将翻译过程视为再实例化过程,这一过程追求的翻译质量是译义与原文的语篇意义对等,即语篇目的性、创造性、选择性、连贯性、互文性的近似。以这样的翻译过程观和质量观来分析英汉语法隐喻的翻译,我们发现三种基本翻译策略,即再隐喻化、隐喻化、去隐喻化。基于自建小型语料库的统计分析结果显示,再隐喻化是首选方法。但是为了忠实于原作交际意图、译文读者群体的文化、译入语的表达习惯,往往需要转化,因此,隐喻化和去隐喻化译法也是译者常采用的方法。后两种译法发生频率低于再隐喻化,不过这两种译法更能体现译者的主体性和创造性。系统功能语言学关于翻译中的语法隐喻研究初见端倪,成果还不多,所观察的语篇数量也不大。本书基于大量语篇实例和小型语料库观察分析英汉互译中的语法隐喻,概括了基本翻译策略,初步进行了语法隐喻的实用研究。

综上所述,本书聚焦于语法隐喻理论研究中的七个重要问题,以系统功能语言学理论为指导,以大量英汉语篇实例为语料,探究了语法隐喻是什么、有哪些类型、与词汇隐喻有何区别与联系、为什么发生、在政治语篇意义建构中发挥什么作用、英汉语法隐喻有何共性与差异、英汉互译中如何运用语法隐喻等问题,提出了独立见解。以上研究结果对于语言学研究具有一定借鉴价值,对于语篇分析、翻译实践、语言教学等可能发挥启示作用。

本书的不足之处在于:1)由于时间所限未能按原计划从个体发展视角来观察分析语言习得过程中语法隐喻的使用情况;2)由于条件和能力所限,未能采用大型语料库进行大数据统计分析英汉语法隐喻的同和异。

10.2 语法隐喻研究展望

语法隐喻介于语法与修辞,是复杂的语言现象。这一复杂语言现象的研究空间还很大,仍有待于理论语言学、语言类型学、应用语言学的深入探究。

有待于理论语言学解释的难题之一是:语法隐喻的使用在何等程度上受交际者的意识支配?功能语言学认为语篇意义建构是连续的选择过程。然而,"选择是否有意识"仍没有充分的论证结果。传统的思辨性或内省式研究方法可能难以解答这一难题。

需要语言类型学解释的难题之一是:语法隐喻是否为普遍语言现象?汉语中到底存不存在名词化?名词化、动词化现象支持"名动转化"说,是对"名动分立说"的补充,否认"名动分立说"自然否定名词化的存在。"名动包含说"能否立得住？如果抛弃《马氏文通》创立的汉语词类体系，新的汉语词类体系如何建立？作为分析型语言的汉语与印欧语言的根本词类差别是在于范畴体系还是在于形态？

　　值得应用语言学探究的若干问题是：中介语语篇中语法隐喻的使用情况如何？语法隐喻运用的练习在外语写作教学中有何效应？中高级阶段外语学习者使用语法隐喻存在什么问题？

参考文献

Audi, R. 2006. *Practical Reasoning and Ethical Division*[M]. London: Routledge.

Bakhtin, M. M. 1986. *Speech Genres and Other Late Essays*[M] (ed. by C. Enerson & M. Holquist, tr. by W. Mc Gee). Austin: University of Texas Press.

Banks, D. 2003. The evolution of grammatical metaphor in scientific writing[A]. *Grammatical Metaphor: Views from Systemic Functional Linguistics*[C] (ed. by A. S. M. Taverniers & L. Ravelli). Amsterdam and Philadelphia: John Benjamins Publishing Company, 127–148.

Barcelona, A. 2000. Introduction: The cognitive theory of metaphor and metonymy[A]. *Metaphor and Metonymy at the Cross Roads: A Cognitive Perspective*[C] (ed. by A. Barcelona). Berlin and New York: Mouton de Gruyter, 1–28.

Berlin, B. & P. Kay. 1969. *Basic Color Terms: Their Universality and Evolution*[M]. Berkeley and Los Angeles: University of California Press.

Bernsteine, B. 1999. Vertical and horizontal discourse: An essay[J]. *British Journal of Sociology of Education* (2): 266–279.

Bhatia, V. 1993. *Analysing Genre: Language Use in Professional Settings*[M]. London and New York: Routledge.

Biber, D. *et al.* 1998. *Corpus Linguistics: Investigating Language Structure and Use*[M]. Cambridge: Cambridge University Press.

Burke, K. 1945. *A Grammar of Motives*[M]. New York: Prentice Hall.

Butler, C. S. 2003. *Structure and Function: A Guide to Three Major Structural-Functional Theories* (Part 2) [M]. Amsterdam and Philadelphia: John Benjamins Publishing Company.

Byrnes, H. 2006. What kind of resource is language and why does it matter for advanced language learning? [A]. *Advanced Language Learning: The Contribution of Halliday and Vygotsky*[C] (ed. by H. Byrnes). London and New York: Continuum, 1 – 30.

Chesterman, A. 1997. *Memes of Translation: The Spread of Ideas in Translation Theory* [M]. Amsterdam and Philadelphia: John Benjamins Publishing Company.

Chomsky, N. 1965. *Aspects of the Theory of Syntax*[M]. Cambridge, Mass: The M.I.T. Press.

Colombi, M. C. 2006. Grammatical metaphor: Academic language development in Latino students in Spanish [A]. *Advanced Language Learning: The Contribution of Halliday and Vygotsky*[C] (ed. by H. Byrnes). London and New York: Continuum, 147 – 163.

de Beaugrade, R. & W. Dressler. 1981. *Introduction to Text Linguistics*[M]. London and New York: Longman.

de Souza, L. 2010. *Interlingual Reinstantiation: A Model for a New and Comprehensive Systemic Functional Perspective on Translation* [D]. Unversidade Federal de Santa Catarina.

Derewianka, B. 2003. Grammatical metaphor in the transition to adolescence [A]. *Grammatical Metaphor: Views from Systemic Functional Linguistics*[C] (ed. by A. S. M. Taverniers & L. Ravelli). Amsterdam and Philadelphia: John Benjamins Publishing Company, 185 – 220.

Edelman, G. 1992. *Bright Air, Brilliant Fire: On the Matter of the Mind*[M]. New York: Basic Books.

Evans, N. & M. Green. 2006. *Cognitive Linguistics: An Introduction* [M]. Edinburgh: Edinburgh University Press.

Fairclough, I. & N. Fairclough. 2012. *Political Discourse Analysis*[M]. London and New York: Routledge.

Fairclough, N. 1992. *Discourse and Social Change*[M]. Cambridge: Polity Press.

Fairclough, N. 2001. *Language and Power* (2nd ed.) [M]. London: Pearson Education Limited.

Fawcett, R. P. 2013. Choice and choosing in systemic functional grammar: What is it and how is it done? [A]. *Systemic Functional Linguistics: Exploring Choice*[C] (ed. by L. Fontaine *et al.*). Cambridge: Cambridge University Press, 115 – 136.

Fontaine, L. 2013. Introduction: Choice in contemporary systemic functional theory[A]. *Systemic Functional Linguistics: Exploring Choice* [C] (ed. by L. Fontaine *et al.*). Cambridge: Cambridge University Press, 1 – 15.

Fontaine, L. *et al.* 2013. *Systemic Functional Linguistics: Exploring Choice* [C]. Cambridge: Cambridge University Press.

Goatly, A. 1997. *The Language of Metaphors*[M]. London and New York: Routledge.

Gu, Y. 1993. The impasse of perlocution[J]. *Journal of Pragmatics* (5): 405 – 432.

Hall, E. 1976. *Beyond Cultures*[M]. New York: Doubleday

Halliday, M. A. K. 1977/2015. Text as semantic choice in social contexts[A]. *Grammars and Descriptions*[C] (ed. by T. A. van Dijk & J. S. Petöfi). Walter de Gruyter. Reprinted in *Linguistic Studies of Text and Discourse*[C] (ed. by J. Webster & X. Peng). Beijing: Peking University Press, 23 – 86.

Halliday, M. A. K. 1978. *Language as Social Semiotic: The Social Interpretation of Language and Meaning*[M]. London: Edward Arnold.

Halliday, M. A. K. 1984/2005. Grammatical metaphor in English and Chinese[A]. *New Papers on Chinese Language Use*[C] (ed. by B. Hong). Research School of Pacific Studies, the Australian National University. Reprinted in *Studies in Chinese Language* (ed. by J. Webster). London and New York: Continuum, 325–333.

Halliday, M. A. K. 1985. *An Introduction to Functional Grammar*[M]. London: Edward Arnold.

Halliday, M. A. K. 1988/2004. On the language of physical science[A]. *Registers of Written English*[C] (ed. by M. Ghadessy). London: Pinter, Reprinted in *The Language of Science*[C] (ed. by J. Webster). London and New York: Continuum.

Halliday, M. A. K. 1989. Some grammatical problems in scientific English[J]. *Australian Review of Applied Linguistics* (6): 13–17.

Halliday, M. A. K. 1992. New ways of analyzing meaning: The challenge to applied linguistics[A]. *Thirty Years of Linguistic Evolution*[C] (ed. by M. Putz). Philadelphia: John Benjamins Publishing Company, 59–98.

Halliday, M. A. K. 1994. *An Introduction to Functional Grammar* (2nd ed.) [M]. London: Edward Arnold.

Halliday, M. A. K. 1995/2007. Language and the reshaping of human experience[A]. *International Symposium on Critical Discourse Analysis*, Athens. *The Language of Science*[C] (ed. by J. Webster). Beijing: Peking University Press, 7–23.

Halliday, M. A. K. 1998a/2004. Language and knowledge: The "unpacking" of text[A]. *The Language of Science* [C] (ed. by J. Webster). London and New York: Continuum, 24–48.

Halliday, M. A. K. 1998b/2004. Things and their relations: Regrammaticizing experience as technical knowledge[A]. *Reading Science: Critical and Functional Perspectives on Discourse of Science*[C] (ed. by J. R. Martin & R. Veel). London: Routledge. Reprinted in *The Language of Science*[C] (ed. by J. Webster). London and New York: Continuum, 49–101.

Halliday, M. A. K. 1999/2004. The grammatical construction of scientific knowledge: The framing of the English clause [A]. *Incommensurability and Translation: Kuhnian Perspectives on Scientific Communication and Theory Change*[C] (ed. by R. R. Favretti *et al.*). Cheltenham: Edward Elgar. Reprinted in *The Language of Science*[C] (ed. by J. Webster). London and New York: Continuum, 102–134.

Halliday, M. A. K. 2004. *An Introduction to Functional Grammar* (3rd ed.) [M] (revised by C. M. I. M. Matthiessen). London and New York: Edward Arnold.

Halliday, M. A. K. 2008. *Complementarities in Language*[M]. Beijing: The Commercial Press.

Halliday, M. A. K. 2009. The gloosy ganoderm: Systemic functional linguistics and translation[J]. *Chinese Translators Journal* (1): 17–26.

Halliday, M. A. K. 2013. Meaning as choice [A]. *Systemic Functional Linguistics: Exploring Choice*[C] (ed. by L. Fontaine *et al.*). Cambridge: Cambridge University Press, 15–36.

Halliday, M. A. K. 2014. *Halliday's Introduction to Functional Grammar*(4th ed.)[M] (Revised by C. M. I. M. Matthiessen). London and New York: Routledge.
Halliday, M. A. K. 2015. *On Grammar*[M] (ed. by J. Webster & X. Peng). Beijing: Peking University Press.
Halliday, M. A. K. & R. Hasan. 1976. *Cohesion in English*[M]. London: Longman.
Halliday, M. A. K. & C. M. I. M. Matthiessen. 1999. *Construing Experience through Meaning: A Language-Based Approach to Cognition*[M]. London and New York: Cassell.
Halliday, M. A. K., A. McIntosh & P. Strevens. 1964. *The Linguistic Sciences and Language Teaching*[M]. London: Longman.
Harris, R. 1998. *Introduction to Integrational Linguistics*[M]. Oxford: Pergamon.
Hasan, R. 1978. Text in the systemic-functional model [A]. *Current Trends in Textlinguistics*[C] (ed. by W. U. Dressler). Berlin and New York: Walter de Gruyter, 228–246.
Hasan, R. 1998. Speaking with reference to context[A]. *Text and Context in Functional Linguistics*[C] (ed. by M. Ghadessy). Amsterdam and Philadelphia: John Benjamins Publishing Company, 219–328.
Hasan, R. 2015. *Ruqaiya Hasan on Language*[M]. Beijing: Peking Univerisity Press.
Hatim, B. & I. Mason. 2001. *Discourse and the Translator*[M]. Shanghai: Shanghai Foreign Language Education Press.
Hay, C. 2007. *Why We Hate Politics*[M]. Cambridge: Polity Press.
Hickey, L. 1998. Perlocutionary equivalence: Marking, exegesis and recontextualization [A]. *The Pragmatics of Translation*[C] (ed. by L. Hickey). Clevedon: Multilingual Matters, 217–232.
Hjelmslev, L. 1961. *Prolegomena to a Theory of Language*[M]. Madison, Wisconsin: University of Wisconsin Press.
Hoey, M. 1994. Signalling in discourse: A functional analysis of a common discourse pattern in written and spoken English[A]. *Advances in Written Text Analysis*[C] (ed. by M. Coulthard). London and New York: Routledge, 26–45.
House, J. 2001. How do we know when a translation is good? [A]. *Exploring Translation and Multilingual Text Production: Beyond Content* [C] (ed. by E. Steiner & C. Yallop). Berlin and New York: Mouton de Gruyter, 127–160.
Krashen, S. D. 1982. *Principles and Practice in Second Language Acquisition*[M]. New York: Pergamon.
Kristeva, J. 1986. *The Kriesteva Reader* [M] (ed. by T. Moi). Oxford: Edward Blackwell.
Lakoff, G. 1987. *Women, Fire and Dangerous Things: What Categories Reveal about the Mind*[M]. Chicago: Chicago University Press.
Lakoff, G. 2004. *Don't Think of an Elephant: Know Your Values and Frame the Debate* [M]. Melbourne: Scribe Publications.
Lakoff, G. & M. Johnson. 1980. *Metaphors We Live by*[M]. Chicago: Chicago University Press.
Langacker, R. W. 2004. *Foundations of Cognitive Grammar*(Vol. I, II)[M]. Beijing:

Peking University Press.
Leech, G. 1981. *Semantics*[M]. Harmondsworth: Penguin.
Levinson, S. C. 1997. From outer to inner space: Linguistic categories and non-linguistic thinking[A]. *Language and Conceptualization*[C] (ed. by J. Nuyts & E. Pederson). Cambridge: Cambridge University Press, 13-45.
Li, C. N. & S. A. Thompson. 1981. *Mandarin Chinese: A Functional Reference Grammar* [M]. London and Los Angeles: University of California Press.
Liardét, C. L. 2016. Nominalization and grammatical metaphor: Elaborating the theory [J]. *English for Specific Purposes*, 44: 16-29.
Lovelock, C. et al. 1996. *Services Marketing: A European Perspective*[M]. London: Prentice Hall.
Lyons, J. 1968. *An Introduction to Theoretical Linguistics*[M]. Cambridge: Cambridge University Press.
Lyons, J. 1977. *Semantics*[M]. London and New York: Cambridge University Press.
Martin, J. R. 1985. Process and text: Two aspects of human semiosis[A]. *Systemic Perspectives on Discourse, Vol 1: Selected Theoretical Papers from the 9th Systemic Workshop*[C] (ed. by J. D. Benson & W. S. Greaves). Norwood, NJ: Ablex Publishing Corporation, 248-274.
Martin, J. R. 1992/2004. *English Text: System and Structure*[M]. Amsterdam and Philadelphia: John Benjamins Publishing Company. Beijing: Peking University Press.
Martin, J. R. 2010. *Discourse Semantics*[M] (ed. by Z. Wang). Shanghai: Shanghai Jiaotong University Press.
Matthiessen, C. M. I. M. 2001. The environment of translation[A]. *Exploring Translation and Multilingual Text Production: Beyond Content*[C] (ed. by E. Steiner & C. Yallop). Berlin and New York: Mouton de Gruyter, 41-126.
Matthiessen, C. M. I. M. 2006. Educating for advanced foreign language capacities: Exploring the meaning-making resources of languages systemic-functionally [A]. *Advanced Language Learning: The Contribution of Halliday and Vygotsky*[C] (ed. by H. Byrnes). London and New York: Continuum, 31-57.
Matthiessen, C. M. I. M. & M. A. K. Halliday. 2009. *Systemic Functional Grammar: A First Step into the Theory*[M]. Beijing: Higher Education Press.
Melrose, R. 2003. Having things both ways: Grammatical metaphor in a systemic-functional model of language [A]. *Grammatical Metaphor: Views from Systemic Functional Linguistics*[C] (ed. by A. S. M. Taverniers & L. Ravelli). Amsterdam and Philadelphia: John Benjamins Publishing Company, 417-442.
Nida, E. 1993. *Language, Culture and Translation*[M]. Shanghai: Shanghai Foreign Language Education Press.
Nord, C. 2001. *Translating as a Purposeful Activity: Functional Approaches Explained* [M]. Shanghai: Shanghai Foreign Language Education Press.
Norman, J. 1988. *Chinese*[M]. Cambridge: Cambridge University Press.
Painter, C. 2003. The use of metaphorical mode of meaning in early language development [A]. *Grammatical Metaphor: Views from Systemic Functional Linguistics*[C] (ed. by A. S. M. Taverniers & L. Ravelli). Amsterdam and Philadelphia: John Benjamins

Publishing Company, 151 – 168.
Palmer, F. R. 2007. *Mood and Modality*[M]. Beijing: World Publication Corporation.
Ponterotto, D. 2000. The cohesive role of cognitive metaphor in discourse and conversation [A]. *Metaphor and Metonymy at the Crossroads: A Cognitive Perspective*[C] (ed. by A. Barcelona). Berlin and New York: Mouton de Gruyter, 283 – 298.
Ravelli, L. 1988. Grammatical metaphor: An initial analysis[A]. *Pragmatics, Discourse and Text: Some Systemically-inspired Approaches* [C] (ed. by E. Steiner & R. Veltman). London: Pinter Publishers, 133 – 147.
Rosch, E. 1975. Cognitive representations of semantic categories [J]. *Towards an Experimental Psychology: General* 104(3): 192 – 233.
Saeed, J. I. 1997. *Semantics*[M]. Oxford: Blackwell Publishers.
Saussure, F. 1959. *Course in General Linguistics*[M] (tr. by W. Baskin). New York: Fontana/Collins.
Searle, J. 2010. *Making the Social World: The Structure of Human Civilization* [M]. Oxford: Oxford University Press.
Steiner, E. 2001. Intralingual and interlingual versions of a text: How specific is the notion of translation? [A]. *Exploring Translation and Multilingual Text Production: Beyond Content*[C] (ed. by E. Steiner & C. Yallop). Berlin and New York: Mouton de Gruyter, 161 – 190.
Swales, J. M. 1990. *Genre Analysis: English in Academic and Research Settings*[M]. Cambridge: Cambridge University Press.
Taylor, J. R. 2002. *Cognitive Grammar*[M]. Oxford: Oxford University Press.
Taylor, J. R. 2003. *Linguistic Categorization*[M]. Oxford: Oxford University Press.
Thompson, G. 1996. *Introducing Functional Grammar* (1st ed.) [M]. London and New York: Arnold.
Thompson, G. 2014. *Introducing Functional Grammar* (3rd ed.) [M]. London and New York: Routledge.
Tomlin, R. S. *et al.* 1997. Discourse semantics[A]. *Discourse as Structure and Process* [C] (ed. by T. A. van Dijik). London: Sage, 63 – 111.
Torr, J. & A. Simpson. 2003. The emergence of grammatical metaphor: Literacy-oriented expressions in the everyday speech of young children [A]. *Grammatical Metaphor: Views from Systemic Functional Linguistics* [C] (ed. by A. S. M. Taverniers & L. Ravelli). Amsterdam and Philadelphia: John Benjamins Publishing Company, 169 – 184.
Trosborg, A. 2001. *Text Typology and Translation* [C]. Shanghai: Shanghai Foreign Language Education Press.
van Eemeren, F. H. 2010. *Strategic Maneuvering in Argumentative Discourse* [M]. Amsterdam and Philadelphia: John Benjamins Publishing Company.
Vygotsky, L. S. 1962, *Thought and Language* [M] (ed. & tr. by E. Hanfmann & G. Vakar). Cambridge, Mass: The M.I.T. Press.
Whaley, L. 2009. *Introduction to Typology: The Unity and Diversity of Language*[M]. http://www.wpcbj.com.cn.
Worth, P. 1994. Extended metaphor: A text-world account[J]. *Language and Literature* (3): 79 – 103.

Yang, Z. 2007. Transcategorization in grammatical metaphor and lexical metaphor[A]. *Systemics, Function and Appraisal*[C] (ed. by K. Zhang & Z. Wang). Beijing: Higher Education Press, 42-50.

Yang, Z. 2015. Subjectivity in translation as interlingual reinstantiation[J]. *Journal of World Languages* (1): 18-31.

保罗·利科,2004,活的隐喻[M](汪堂家 译),上海:上海译文出版社。

布宁、余纪元,2001,西方哲学英汉对照词典[Z],北京:人民出版社。

曹明伦,2006,论译忠实为取向的翻译标准——兼论严复的"信达雅"[J],中国翻译(4):12-19。

常晨光,2004,语法隐喻与经验的重新建构[J],外语教学与研究(1):31-36。

陈嘉映,2003,语言哲学[M],北京:北京大学出版社。

陈平,1987,描写与解释:论西方语言学研究的目的与方法[J],外语教学与研究(1):1-15。

陈望道,1976,修辞学发凡[M],上海:上海教育出版社。

邓玉荣、曹志希,2010,英汉互译中的一致式与隐喻式[J],外语学刊(6):114-116。

狄艳华、杨忠,2010,基于语料库的中国政府工作报告核心主题词研究[J],外语学刊(6):69-72。

范文芳,1999,名词化隐喻的语篇衔接功能[J],外语研究(1):9-12。

桂诗春,2009,基于语料库的英语语言学语体分析[M],北京:外语教学与研究出版社。

郭建中,2014,创造性翻译与创造性对等[J],中国翻译(4):10-15。

韩礼德,2015,科学语言[M](张克定 等译),北京:北京大学出版社。

何伟,2008,语法隐喻:形式简体和意义变体[J],解放军外国语学院学报(3):1-6。

洪堡特,2001,洪堡特语言哲学文集[C](姚小平 主编、译注),长沙:湖南教育出版社。

胡署中,1993,英汉修辞比较研究[M],上海:上海外语教育出版社。

胡署中,2002,英语修辞学[M],上海:上海外语教育出版社。

胡壮麟,1996,语法隐喻[J],外语教学与研究(4):1-7。

胡壮麟,2000,评语法隐喻的韩礼德模式[J],外语教学与研究(2):89-94。

胡壮麟,2004,认知隐喻学[M],北京:北京大学出版社。

胡壮麟,2014,系统功能语言学的认知观[J],外语学刊(3):44-50。

黄国文,2009,语法隐喻在翻译研究中的应用[J],中国翻译(1):5-9。

黄国文,2015,"译意"与"译味"的系统功能语言学解释[J],外语教学与研究(5):732-742。

黄友义,2004,坚持"外宣三贴近"原则,处理好外宣翻译中的难点问题[J],中国翻译(6):27-28。

黄忠廉、方仪力,2017,基于翻译本质的翻译学构建[J],中国翻译(4):5-10。

贾彦德,1999,汉语语义学[M],北京:北京大学出版社。

姜秋霞,2007,对翻译转换范式的思考——兼论翻译的学科特性[J],中国外语(6):84-88。

康德,1997,纯粹理性批判[M](蓝公武 译),北京:商务印书馆。

库恩,2003,科学革命的结构[M](吾伦金、胡新和 译),北京:北京大学出版社。

黎锦熙,2001,"句本位"的文法和图解法[A],黎锦熙选集[C](黎泽渝、刘庆俄 编),长春:东北师范大学出版社,53-65。

黎锦熙、刘世儒,1960,语法再研讨——词类区分和名词问题[J],中国语文(1):5-8。

李福印,2006,语义学概论[M],北京:北京大学出版社。
李继宏(译),2013,老人与海(海明威著)[M].天津:天津人民出版社。
李克兴,2007,英语法律文本中主要情态动词的作用及其翻译[J],中国翻译(6):54–60。
林正军、杨忠,2010,语法隐喻的语义关系与转级向度研究[J],外语教学与研究(6):403–410。
刘承宇,2005,概念隐喻与人际隐喻级转移的逆向性[J],外语教学与研究(4):289–293。
刘宓庆,1996,汉英对比研究的理论问题(上)[A],英汉语言文化对比研究[C](李瑞华 主编),上海:上海外语教育出版社,23–33。
刘润泽、魏向清、赵文菁,2015,"对等"术语的谱系化发展与中国当代译学知识体系建构[J],中国翻译(5):18–24。
马建忠,1983,马氏文通[M],北京:商务印书馆。
马建忠,1984,拟设翻译书院议[A],翻译研究论文集[C](中国翻译工作者协会《翻译通讯》编辑部),北京:外语教学与研究出版社,1–5。
马庆株,1992,汉语动词和动词性结构[M],北京:北京语言学院出版社。
潘文国、谭慧敏,2006,对比语言学:历史与哲学思考[M],上海:上海外语教育出版社。
彭宣维,2000,英汉语篇综合对比[M],上海:上海外语教育出版社。
皮亚杰,1997,发生认识论原理[M](王宪钿 等译),北京:商务印书馆。
齐豫生、郭镇海,1999,四库全书精编[C],北京:中国文史出版社。
全国人民代表大会常务委员会,1999,中华人民共和国教育法律集[C],北京:外文出版社。
沈家煊,2016,名词和动词[M],北京:商务印书馆。
沈家煊,2017,汉语有没有主谓结构[J],现代外语(1):1–13。
石里克,2005,普通认识论[M](李步楼 译),北京:商务印书馆。
史振晔,1960,试论汉语动词、形容词的名词化[J],中国语文:422–425。
束定芳,2000,隐喻学研究[M],上海:上海外语教育出版社。
汤斌,2013,知识结构与名词化的关系[J],外国语文(4):86–90。
王靖潭、杨忠,2016,学术语篇中名化式表达择用理据研究——以期刊语篇与媒体语篇为例[J],西安外国语大学学报(4):30–34。
王力,1959/2001,汉语实词的分类[J],北京大学学报(人文科学版)(2):53–67;《王力选集》(郭锡良 编),长春:东北师范大学出版社,387–405。
王平兴,2008,政治文献翻译新探索——十七大文件翻译体会[J],中国翻译(1):45–50。
王振华,2009,语篇语义的研究路径——一个范式、两个脉络、三种功能、四种语义、五个视角[J],中国外语(6):26–38。
魏纪东,2009,篇章隐喻研究[M],上海:上海外语教育出版社。
魏在江,2006,隐喻的语篇功能[J],外语教学(5):10–15。
沃尔夫,2001,论语言、思维和现实[C](姚小平 主编,高一虹 等译),长沙:湖南教育出版社。
吴长安,2006,"这本书的出版"与向心结构理论难题[J],当代语言学(3):193–204。
邢福义,1997,汉语语法学[M],长春:东北师范大学出版社。

谢百魁,2014a,《中国历代散文译萃(上)》,北京:中国对外翻译有限公司。
谢百魁,2014b,《中国历代散文译萃(下)》,北京:中国对外翻译有限公司。
徐英,2015,新闻编译中的名化改动与意识形态转换[J],中国翻译(3):90-94。
许国璋,1991,许国璋论语言[M],北京:外语教学与研究出版社。
许明,2010,口译认知过程中"deverbalization"的认知诠释[J],中国翻译(3):5-11。
许余龙,2002,对比语言学[M],上海:上海外语教育出版社。
亚里士多德,2008,范畴篇 解释篇[M](方书春 译),北京:商务印书馆。
严复,1984,天演论·译例言[A],翻译研究论文集(1894—1948)[C](中国翻译工作者协会 编),北京:外语教学与研究出版社,6-7。
严世清,2003,语法隐喻理论的发展及其理论意义[J],外国语(3):51-57。
杨信彰,2011,英语科技语篇与科普语篇中的词汇语法[J],外语教学(4):18-21。
杨延宁,2016,基于语料分析的汉语语法隐喻研究[J],语言学研究(2):77-91。
杨忠,2010,语言相对论与语义研究视角摭议[J],外国问题研究(1):12-16。
杨忠、李清和,1995,意·义·译——议等值翻译的层次性和相对性[J],中国翻译(5):10-13。
杨忠、张绍杰,1998,认知语言学的类典型论[J],外语教学与研究(2):1-8。
杨自俭,2004,序[A],英汉语言文化对比研究(1995—2003)[C](王菊泉、郑立信 主编),上海:上海外语教育出版社,1-11。
杨自伍,1995,英国散文名篇欣赏[C],上海:上海外语教育出版社。
姚亚平,1996,当代中国修辞学[M],广州:广东教育出版社。
叶斯柏森,2010,语法哲学[M](何勇 等译),北京:商务印书馆。
阴法鲁,1982,古文观止译注[C],长春:吉林人民出版社。
于晖,2012,伯恩斯坦知识结构理论的系统功能语言学解读[J],中国外语(6):43-50。
曾蕾、胡红辉,2015,《论语》及其英译本中投射语言结构的功能语篇对等研究[J],外语与外语教学(6):75-79。
张敏,1998,认知语言学与汉语名词短语[M],北京:中国社会科学出版社。
张岱年,2004,中西哲学比较的几个问题[A],英汉语言文化对比研究(1995—2003)[C](王菊泉、郑立信 主编),上海:上海外语教育出版社,466-475。
张德禄、雷茜,2013,语法隐喻研究在中国[J],外语教学(3):1-6。
张高远,2008,英汉名词化对比研究——认知功能取向的理论解释[M],北京:中国社会科学出版社。
张辉、齐振海,2004,导论[A],*Foundations of Cognitive Grammar*[M](ed. by R. Langacker),北京:北京大学出版社。
《中国共产党简史》编写组,2021,中国共产党简史[M],北京:人民出版社、中共党史出版社。
中共中央文献研究室,2009,毛泽东邓小平江泽民论科学发展[C],北京:中央文献出版社、党建读物出版社。
中国社会科学院语言研究所词典编辑室,2016,现代汉语词典(第7版)[Z],北京:商务印书馆。
周惠,2016,英语专业研究生学位论文的语篇评价意义研究[D],东北师范大学。
朱德熙,1961/2001,关于动词形容词"名物化"问题[J],北京大学学报(人文科学版)(4):51-64;《朱德熙选集》(袁毓林 编),长春:东北师范大学出版社,205-230。

朱德熙,1983/2001,自指和转指——汉语名词化标记"的、者、所、之"的语法功能和语义功能[J],方言(1):16-31;《朱德熙选集》(袁毓林 编),长春:东北师范大学出版社,516-543。
朱永生,1994,英语中的语法比喻现象[J],外国语(1):8-13。
朱永生,2006,名词化动词化与语法隐喻[J],外语教学与研究(2):83-90。
朱永生、苗兴伟,2001,语用预设的语篇功能[J],外国语(3):25-30。
朱永生、严世清,2011,系统功能语言学再思考[M],上海:复旦大学出版社。